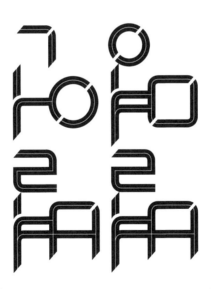

언어가 쓸모 있을 때

때론 눈을 뜨고 싶지 않은 날이 있다. 왜 수치와 혐오는 같이 가는 것일까? 아이가 됐든 부모가 됐든 연인이 됐든 사랑을 원하는 만큼 받지 못했을 뿐인데, 자신에게 찾아오는 자책이 있다. 누군가를 사랑하지만 동시에 자신을 미워하는 양가성. 그래서 우리는 자학과 매일 마주한다. 그 사이에 지우고 싶어도 지워지지 않는 말, 그 말은 폭력 속에서도 목구멍과 땀구멍을 통해 시간을 뚫고 쏟아지고 쏟아진다. 그게 한 톨 명언의 씨앗이 된다.

명언의 씨앗 한 톨마다 훔친 상상이 있다. 자신이 만든 게 아니라 다른 사람의 문장에서 훔치게 만든 상상은 생명이 길다. 여기서 명언의 생명이 잉태되는데, 그 명줄 또한 길다. 목숨이 질긴 게 여러 가지다. 질경이가 그렇고, 거북이가 그렇고, 이제 100세를 산다는 인간이 그렇다. 그뿐만 아니라 그 인간이 만들어 놓은 고전(古典)이 그렇고, 예술이 그렇고, 명품이 그렇다.

과연 무엇 때문에 그 명줄은 질긴 것일까? 쓸모…… 쓸모가 있는 것은 시대와 장소를 불문하고, 고기가 육즙이 다 빠질 때까지 입안에서 불근거리듯 목숨이 길다. 명언의 쓸모는 고기로 치자면 육즙이다. 명언은 고깃덩이 자체는 아니지만 씹고 싶은 욕망을 불러일으키는 육즙 덩이인 것이다.

인간이 만들어 낸 언어가 쓸모 있을 때, 그 언어는 장수한다. 한 가지 흥미로운 사실은 입안에서 입안으로 시대와 장소를 헤쳐 나가면서 말 덩어리는 말 덩이가 된다. 게다가 입안에서 혀와 침의 작용을 받으면 그 말 덩이 주위에 덕지덕지 들러붙은 쓸모없는 말 딱지들이 떨어져 나가면서 말의 고갱이만 남는데, 이게 바로 명언이다. 말은 한결 가벼워졌지만 그 뜻은 점차 풍성해지고, 그 말 고갱이에 나의 처지를 꿰어 가지고 놀 줄 아는 게 명언의 쓸모다. 문학은 만든 사람이 있고, 문학의 명줄은 소수의 사람들에 의해 유지되거나 중도에 끊어진다지만, 명언은 만든 사람도 예기치 못한, 시대와 장소를 초월한 다수에 의해 전유되어 질긴 목숨이 된다.

명언의 놀이판은 천태만상의 인생길이다. 그 인생길에서 광대패가 됐든 구경꾼이 됐든 함께 공유되는 코드는 인간 됨이다. 한 숨결에 담아 낼 수 있는 말 고갱이인 짧은 명언이 그 놀이마당에서 복제되고 모방되어 부지불식간 산출케 하는 풍미가 인간 됨이다. 그리고 곧 그 인간 됨을 본(本)받게 한다. 그도 그럴 것이 인간 됨을 맛본 자는 그 명언을 자신이 또한 드러내는데, 그 말에 대한 자신만의 진한 감동 때문이다. 명언은 이런 체험을 통해 자신에 대한 충성 고객을 확보한다.

명품 브랜드에서 그렇듯, 이 충성 고객은 자신의 방식으로 전유한 명언에 대한 해석을 내놓으며 전파자로 우뚝 서기 마련이다. 그러면서 그 해석에는 변용이 거듭된다. 명언의 한 톨 씨앗에는 그 명언의 나이만큼 해석과 변용이 퇴적되어 있다. 그 점에서 명언의 마당은 열린 상상의 퇴적층이다. 그 겹겹을 보면서 인생살이에 대한 깨달음이 더해지고 간결한 형태의 명언으로 자신을 다독이기도 하며, 그 의미를 다시 한번 음미하기도 한다. 또한 다른 이들에게 조언도 아끼지 않는다. 명언에 대한 되새김이 많을수록 그 깨달음은 번뜩번뜩 불을 밝힌다.

여기 이런 되새김을 통해 제법 가늘어진 스물한 개의 말 고갱이들을 묶어 보니, 성숙, 함께, 생각, 새로움이라는 네 덩이로 모였다. 인간 목숨의 네 가지 원리라 볼 수 있는 이 묶음들이 무의식이 됐든 구조주의가 됐든, 또 하나의 인간 얼개를 형성하고 있다.

그 단조로운 말들을 겹겹으로 벗겨 보니 성장이 아닌 '성숙', 지시가 아닌 '함께', 허무가 아닌 '생각', 절망이 아닌 '새로움'이었다. 인생 고비를 만날 때 이 명언들을 되새기시라. 자, 이제 명언 놀음을 시작하자!

2017년 6월

김동훈

1부 ——————— 성숙하라

1 너 자신을 알라

사나운 괴물인가,
온유한 피조물인가

「매트릭스」의 오라클 신탁

영화 「매트릭스」 1편에서 네오(키아누 리브스)가 오라클(글로리아 포스터)을 만나기 위해 주방으로 들어가는 장면이 나온다. 네오는 자신이 바로 '더 원(The One)'인지 묻기 위해 이곳을 찾아왔다. 그런데 오라클은 네오의 질문에 대답은 하지 않고 되묻는다. "너는 어떻게 생각해? 너 자신이 '더 원'이라고 생각해?" 네오는 무슨 영문인지 모르겠다. 이때 느닷없이 오라클의 손이 주방 입구 위 현판을 가리킨다. "Temet Nosce." 즉 "너 자신을 알라."의 라틴어 명문이 거기에 있다.

원래 이 말은 희랍어로, "그노시 세아우톤(γνωθι σεαυτόν)"인데, 소크라테스에 의하면 델포이 신전에 기록된 문장이라고 전한다. 이 명언이 델포이와 관련이 있다는 것은 2세기 여행 작가 파우사니아스(『희랍 이야기』 10권 24장 1절.)에게서도 발견된다. 이쯤 되면 「매트릭스」의 오라클은 델포이의 여사제 퓌티아(pýthĭa)를 암시하는 인물임이 분명해진다. 이 명언은 고대와 현재, 그리고 미래 사회의 운명을 버텨 낼 어떤 힘을 갖고 있어서 시간의 간극을 뚫고 여전히 우리 삶에 메아리치고 있다.

소크라테스의 의도는 무엇인가

소크라테스가 이 명언을 너무 자주 강조한 나머지, 우리는 이 철학자가 가장 먼저 이 말을 한 것으로 안다. 소크라테스는 어떤 이유로 "너 자신을 알라."고 강조했을까? 플라톤의 대화편 중 『파이드로스』(229e 이하~230a)에서 그 단서를 찾을 수 있다.

"여보게…… 내가 아직 델포이 신전의 기록처럼 나 자신을 안다는 게 불가능하다네. 그래서 나 자신을 아직 모르면서 다른 일들을 심사숙고하는 것은 우스운 일이라고 생각하지. 나는 이런 일들을 기꺼이 내려놓고 이것들을 심사숙고하는 것이 아니라, 나 자신을 심사숙고하겠네. (……) 이것은 내가 튀폰보다 더 끔찍하고 더 사나운 짐승인지, 아니면 오만하지 않은 명(命)과 신성을 타고난 온유하고 온전한 피조물인지를 알아보려 함일세."

"이제 나 자신에 대해 심사숙고하겠네.
그러니까 내가 튀폰보다 더 사나운 짐승인지,
아니면 온유하고 온전한 피조물인지를."
— 소크라테스

소크라테스는 '나 자신'을 심사숙고하는 것이 다른 무엇보다 우선시되어야 한다고 말한다. 그리고 자신이 튀폰보다 더 끔찍한 괴물인지 아니면 온유하고 온전한 피조물인지를 심사숙고해야 한다고 말한다. 한마디로 "너 자신을 알라."는 경구는 네가 끔찍한 괴물인지, 아니면 온유하고 온전한 피조물인지를 자각하라는 의미다. 이쯤에서 우리도 한번 "너 자신을 알라."는 명령을 자신에게 진지하게 적용해 보자. "나는 튀폰인가, 아니면 온유하고 온전한 피조물인가?"

튀폰이라는 괴물

영어 '태풍(typhoon)'의 어원이기도 한 '튀폰'을 소크라테스는 "더 끔찍하고 더 사나운"이란 말로 수식하고 있다. 희랍 신화에서 튀폰은 서로 다른 100개의 얼굴과 뱀의 꼬리를 가지고 있다. 여러 개의 겹으로 된 얼굴이 튀폰을 더 사납게 만든다. 우리는 여러 겹으로 된 얼굴, 그러니까 이 말을 좀 현실화한다면 다중 인격을 지니고 오늘을 살고 있는 것은 아닐까?

반면 소크라테스는 피조물을 "온유하고 온전한"이란 단어로 수식하고 있다. 우선 '온전한'이라는 희랍어, '하-플루스'를 파자(破字)하면 '하'는 '-이 없는'이고 '플루스'는 '겹친'이니 '겹이 없는'이란 뜻이 된다. 즉 온전한 피조물이란 '여러 개의 겹이 없는' 존재다.

다중 인격의 무서운 말로

요즘 VR(virtual reality: 가상 현실) 안경을 쓰고 스마트폰으로 영화를 보는 경우가 부쩍 늘었다. 그 안경을 쓰고 상이 제대로 보이지 않을 때가 있는데, 왼쪽 눈과 오른쪽 눈에 각각 상이 따로 보일 때다. 즉 이미지가 제각각 두 개의 겹으로 생기게 된다. 하지만 어느 순간 두 겹의 이미지가 하나로 겹치면서 따로 보이던 이미지는 드디어 입체적으로 보이기 시작한다. 이 경우처럼 이미지가 두 겹이 아니라 한 겹이 되는 것이 '온전'이란 낱말의 의미다.

이 단어가 성경에서는 "눈이 성하면 온몸이 밝을 것이요."(「누가복음」 6장 22절)에서 '성하면'으로 번역되었다. 즉 눈의 '초점이 맞으면' 제대로 빛을 볼 것이라는 뜻이다. 우리는 자신에 대한 여러 겹의 이미지들을 갖고 있다. 그런데 초점을 잃으면 그 이미지들은 제각기 따로 보일 테고, 그 결과 우리는 그 여러 이미지들을 좇다 인생은 더욱더 복잡하게 꼬인다. 어쩌면 우리의 인생살이는 이것 때문에 점점 더 사나와지는지도 모르겠다. 여러 겹의 이미지에 둘러싸인 채, 어느 날 문득 우리는 튀폰과 같은 괴물로 변해 있다는 사실을 발견하고는 경악할 뿐이다.

희랍 신화에서 튀폰은 제우스의 벼락을 맞아 아이트나 산에 내동댕이쳐지고, 거기서 튀폰이 처절한 몸부림을 쳐서 화산 활동이 이루어졌다고 전해진다. 여러 겹의 이미지, 다중 환상, 다중 인격의 말로(末路)가 그와 같다고 무섭게 경고하는 듯하다.

희랍 신화에서 튀폰은 서로 다른 100개의 얼굴과 뱀의 꼬리를 가지고 있다.
여러 개의 겹으로 된 얼굴이 튀폰을 더 사납게 만드는 것이다.
우리는 여러 겹의 얼굴, 즉 다중 인격을 지니고 오늘을 살고 있는 것은 아닐까?

한 겹 인생살이

그렇다면 한 겹의 이미지를 꿰뚫어 보기 위해서는 어떻게 해야 할까? 한 겹의 확실한 이미지를 과연 볼 수 있을까? 소크라테스는 이 피조물이 "오만하지 않은 명(命)과 신성을 타고난" 존재라고 말한다. 여기서 '명(命)'이란 희랍어 '모이라'인데, 여러 사람들이 제비를 뽑아 땅을 나눌 때 각자에게 나누어진 몫을 말한다. 이것은 비단 땅에만 국한되지 않고 모든 인생에도 적용된다.

소크라테스는 사람이 태어나면서 각자 정해진 몫이 있고, 응당 그 몫에 초점을 맞추어야 한다고 역설한다. 그도 그럴 것이, 사람이 자신의 몫에 집중하지 않으면 자기도 모르게 다른 사람의 몫을 곁눈질하고 집적대다 여러 겹의 이미지에 낚여서는 내 운명의 몫을 잃게 되기 때문이다. 이런 식으로 자신의 몫을 넘어서는 것이 곧 '오만'이다. 소크라테스는 "오만하지 않은 명"을 지닌 존재임을 자각하라고 하는데, 이것이 바로 "너 자신을 알라."는 의미가 된다.

네오가 알게 된 '너 자신'

영화 「매트릭스」에서 "너 자신을 알라."를 읽자, 오라클은 네오의 눈, 입, 그리고 손바닥을 자세히 관찰한다. 그러고는 네오에게 말한다. "너는 내가 무슨 말을 할지 이미 알고 있어." 네오는 자기 눈을 쳐다보면서 대답을 기다리는 오라클에게 말한다. "내가 '더 원'이 아니군요." 네오는 자신에 대한 심사숙고를 통해 자신의 운명에 '더 원'의 몫은 없다고 고백한다. 마치 소크라테스가 자신은 아무것도 아는 것이 없고 단지 무지하다는 것만을 안다고 하는 말을 듣는 것 같다.

하지만 그 네오가 「매트릭스」 2편에서는 죽었다가 트리니티의 사랑으로 되살아나고, 비로소 자신이 '더 원'의 숙명을 받았다는 사실을 깨닫게 된다. 그리고 여러 겹으로 보이는 매트릭스의 온갖 이미지를 바로잡는다. 누구나 운명적인 사랑, 즉 자기 몫으로 정해진 사랑을 하는 것을 아름답다 여기듯, 네오는 그 사랑을 알게 된다. 그러면서 자신에게 부여된 몫을 받아들이고 오롯이 그 몫을 다하는 인생을 실천한다.

여러 겹의 이미지로 오류투성이인 나 자신의 매트릭스를 우리는 어떻게 고쳐 나갈 것인가? 나에게 부여된 여러 겹의 이미지들은 어떤 숙명적인 몫으로 그 초점이 맞추어질까? 이것에 대한 심사숙고가 "너 자신을 알라."는 명언이 오늘날 우리에게 의미 있는 이유가 될 것이다.

자신이 '더 원'의 숙명을 받았다는 사실을 깨달았을 때
네오는 비로소 여러 겹으로 보이는
매트릭스의 온갖 이미지들을 바로잡는다.
여러 겹의 이미지로 오류투성이인 나 자신의 매트릭스를
우리는 어떻게 고쳐 나갈 것인가?

2 카르페 디엠

우리 모두

언젠가는 죽는다

목을 빼고 기다리는 15분

간혹 기차 시간을 맞추지 못해 놓쳐 버린 기차의 뒷모습을 보는 것은 못내 아쉽다. 물론 금전적인 손해만 조금 보고 다시 기차표를 끊으면 되지만, 하루 일정이 어긋나면서 번거로운 시간 조율이 필요해진다. 그 정도만 해도 다행이다. 기차 시간과 관련한 이병률의 시 「장도 열차」의 사연은 아쉽다 못해 가슴이 아린다.

대륙에 사는 사람들은 긴 시간 동안 열차를 타야 한다. 그래서 그들은 만나고 싶은 사람이나 친척들을 아주 잠깐 동안이나마 열차가 쉬어 가는 역에서 만난다. 그리고 그렇게 만나면서 사람들이 우는 모습을 나는 여러 번 목격했다.

이번 어느 가을날,
저는 열차를 타고
당신이 사는 델 지나친다고
편지를 띄웠습니다.

5시 59분에 도착했다가
6시 14분에 발차합니다.

하지만 플랫폼에 나오지 않았더군요.
당신을 찾느라 차창 밖으로 목을 뺀 십오분 사이
겨울이 왔고
가을은 저물 대로 저물어
지상의 바닥까지 어둑어둑했습니다.

— 이병률, 「장도 열차」에서

야속한 상대방이 15분만 확보해 줬다면, 두 사람의 만남은 짧았을지는 몰라도 분명 감격스러웠을 것이고, 또 그 여운은 남은 생을 버티는 힘이 되었을 것이다. 호라티우스(Quintus Horatius Flaccus, BC 65-8)의 명언 "카르페 디엠(Carpe Diem)"은 시간을 지키지 못한 우리의 후회에 거듭된 다짐으로 위로를 주곤 한다.

카르페 디엠

키팅 선생과 호라티우스의 '한철'

"카르페 디엠"이 우리나라에서 인기를 끈 건 영화 「죽은 시인의 사회」 때문이다. 한창 대학생이던 나는 극장에서, 그것도 두 번이나 관람할 정도로 주인공 키팅 선생에게 끌렸다. 숨 막히는 명문 고등학교에 부임한 키팅 선생이 시를 통해 학생들에게 준 교훈이 바로 "카르페 디엠"이다. 그리고 이 말의 최초 장인은 로마의 시인 호라티우스다.

호라티우스의 시 『송가』 1권 11장에 나오는데, 많은 경우 이 명언은 "오늘을 즐기라."(내일은 없나니.)는 식으로 이해되지만 전후 문맥을 되새기면 꼭 그렇지만은 않다. 우선 '카르페(carpe)'는 '(열매나 꽃을) 따다', '(곡식을) 거두다.'라는 동사의 명령형이고, '디엠(diem)'은 '날(day)', '24시간', '특정 시간'이라는 뜻의 목적어다. 그러면 이 명언의 의미는 '날을 거두라', '시간을 수확하라.' 정도가 될 것이다. 이 말이 등장하는 맥락을 살펴보자.

그대 맛보길, 포도주 걸러내어, 기회는 순식간
sapias, vina liques et spatio brevi
큰 기대일랑 가지치고. 내 말하는 동안도 시샘하며 도망하네,
spem longam reseces. dum loquimur, fugerit invida
내 한철은. 오늘을 거둬들이게, 이후 신뢰하기 어려우니.
aetas: carpe diem, quam minimum credula postero.

이 시에서 농사와 관련된 낱말들이 등장한다. 농산물로 만든 '포도주', 값진 열매를 위한 '가지치기', 제때 수확하지 못하면 금세 시들어 버리는 '한철' 등이 그렇다. 이 '한철'을 수확하기 위해 호라티우스는 포도주의 찌꺼기를 걸러 내고 가지를 치듯이 하라고 말한다. '한철'의 특징은 알곡이 여물게 하는 것이다. 이런 사실은 다음의 시를 통해서도 잘 드러난다.

> 불멸을 소망하지 말라고, 나이가 깨우치네. 여물게 하는
> inmortalia ne speres, monet annus et almum
> 그 한철을 가로채는 시간도 깨우치네
> quae rapit hora diem

이 시구는 호라티우스가 죽기 5년 전, 그러니까 기원전 13년에 출간되었다는 『송가』 4권 14장의 7-8절이다. 여기서 '날(디엠)'의 정체를 알게 되는데, 그 '날'은 가지치기를 하고 걸러 줘야 열매가 영그는 한철인 것이다. 그런데 호라티우스는 "한철을 가로채는 시간"이 있다고 한다. 이것은 또 무엇을 말할까? 또 다른 시(『송가』 2권 14장 1-4절)를 보자.

> 아, 최후여, 최후여, 나이는 도망치며
> 미끄러져서, 네 의리가 늦추어도
> 잔주름과 뜻밖의 늙어 감,

"왜 시인은 할 수 있을 때 장미꽃 봉오리를 모으라고 했을까?
그것은 우리 모두 언젠가는 죽을 것이기 때문이지."
도망치듯 사라지면서 죽음으로 치닫는 세월 속에서
장미꽃 봉오리를 모을 수 있는 한철을 붙잡으라고 당부하는 내용이다.
그렇다면 이렇게 한철을 거둬들여 여물게 할 것은 무엇일까?

저항할 수 없는 죽음을 막지 못하네.

요약컨대, 호라티우스가 그토록 '한철'에 집착하는 이유는 늙음과 죽음이 있기 때문임을 알 수 있다. 결국 한철을 잘 거둬들이는 것은 시듦과 사라짐에 대한 반항이며 몸부림이다.

'죽은 시인' 호라티우스의 사회

'죽은 시인' 호라티우스의 사회는 어땠을까? 시인의 아버지는 해방 노예였는데, 아들을 출세시키기 위해 직접 로마로 데리고 갔으며 아테네로 유학까지 보낸다. 그곳에서 호라티우스는 카이사르를 암살한 브루투스(Marcus Junius Brutus, BC 85-42) 군대에 들어간다. 그리고 높은 교육 덕분에 호라티우스는 군사장관(Tribunus militum)이 되었지만, 기원전 42년 브루투스가 옥타비아누스와의 필리피 전투에서 패하고 자살한 후 도망자 신세가 되고 만다. 이처럼 그의 인생에는 '도망'에 대한 섬뜩한 체험이 있다.

그 후 호라티우스는 옥타비아누스의 사면을 받아 로마로 돌아오지만 가산을 몰수당한다. 다행히 재무관 서기로 일하면서 시를 쓰게 되고, 그러고 나서 시인 베르길리우스의 소개로 마이케나스의 후원을 받으며 사비눔의 시골 생활을 시작한다.(BC 32년) 2년 후 옥타비아누스가 황제에 오르면서, 호라티우스는 옥타비아누스의 비서직을

제의받지만 정중히 거절한다.

장미꽃 봉오리를 모으라

영화 「죽은 시인의 사회」에서 키팅 선생이 「카르페 디엠」을 소
개하는 부분이 흥미롭다. 그는 학생들에게 영국 시인 로버트 헤릭
(Robert Herrick, 1591-1674)의 시 「처녀들에게」를 읊조리며 "할 수 있
을 때 장미꽃 봉오리를 모으라."는 말이 '카르페 디엠'이라고 설명한
다. 그리고 키팅은 "왜 시인은 할 수 있을 때 장미꽃 봉오리를 모으
라고 했을까? 그것은 우리 모두 언젠가는 죽을 것이기 때문이지."라
고 말한다. 도망치듯 사라지면서 죽음으로 치닫는 세월 속에서 장미
꽃 봉오리를 모을 수 있는 한철을 붙잡으라고 당부하는 내용이다.
　그렇다면 이렇게 한철을 거둬들여 여물게 할 것은 무엇일까?
나의 포도주와 나의 장미 봉오리는 과연 무엇이란 말인가? 이병률
시인이 영글게 한 것을 보자.

　　받을 돈이 있다는 친구를 따라 기차를 탔다 눈이 내려 철길은
　　　　지워지고 없었다
　　친구가 순댓국집으로 들어간 사이 나는 밖에서 눈을 맞았다
　　　　무슨 돈이기에 문산까지 받으러 와야 했냐고 묻는 것도
　　　　잊었다

친구는 돈이 없다는 사람에게 큰소리를 치는 것 같았다 소주
  나 한잔하고 가자며 친구는 안으로 들어오라 했다
몸이 불편한 사내와 몸이 더 불편한 아내가 차려준 밥상을 받
  으며 불쑥 친구는 그들에게 행복하냐고 물었다 그들은
  행복하다고 대답하는 것 같았고 친구는 그러니 다행이라
  고 말하는 것 같았다
믿을 수 없다는 듯 언 반찬그릇이 스르르 미끄러졌다
흘끔흘끔 부부를 훔쳐볼수록 한기가 몰려와 나는 몸을 돌려
  눈 내리는 삼거리 쪽을 바라보았다 눈을 맞은 사람들은
  까칠해 보였으며 헐어 보였다
받지 않겠다는 돈을 한사코 식탁 위에 올려놓고 친구와 그 집
  을 나섰다 눈 내리는 한적한 길에 서서 나란히 오줌을 누
  며 애써 먼 곳을 보려 했지만 먼 곳은 보이지 않았다
요란한 눈발 속에서 홍시만 한 붉은 무게가 그의 가슴에도 맺
  혔는지 묻고 싶었다

　　　　　　　　　　　　　　　　　── 이병률, 「외면」에서

돈 받을 '날을 잡아(카르페 디엠)' 찾아간 순댓국집. 아직 준비
안 된 돈 때문에 한참 훈계를 하던 친구는 웬일인지 돈 받을 날을
미룬다. 친구는 내외에게 자신들이 행복하다는 확인을 듣고, 오히
려 그 집에 돈을 주고 나온다. 어떻게 보면 문산까지 찾아간 친구의
그 '날'은 허탕 친 날이었다. 하지만 이 친구, 그리고 함께했던 시인은

"카르페 디엠!"
내 가슴에는 어떤 포도주가 잘 걸러졌는지,
또 어떤 장미꽃 봉오리가 모아지고 있는지,
그리고 어떤 붉은 홍시가 영글었는지 자문해 보자.

31

'카르페 디엠'에는 성공한 날이었다. 왜냐하면 그들의 가슴에는 요란한 눈발 속이지만 붉은 홍시가 영글었기 때문이다.

이 명언을 읊조리며 거듭된 다짐을 반복할 때마다 내 가슴에는 어떤 포도주가 잘 걸러졌는지, 어떤 장미꽃 봉오리가 모아지고 있는지, 그리고 어떤 붉은 홍시가 영글었는지 자문해 보자. 그것을 위해 잠깐 돈 받을 날쯤은 가지치기 해 두자. 결국 아직은 추운 날이니까, 한철을 가꾸기 위해! 자, 오늘, 지금 이 순간부터 카르페 디엠!

3 백조의 노래

아름다운 이 세상

소풍 끝내는 날

예술가의 최후 걸작

베토벤(1770-1827)을 흠모하던 청년은 그와의 극적인 만남 뒤 일주일 만에 청천벽력과 같은 소식을 듣는다. 베토벤이 죽었다는 것. 그리고 1년 뒤 자신마저 원인 모를 병으로 자리에 눕게 되고 정신 이상 증세를 보이다 끝내 숨지게 된다. 서른한 살의 젊은 나이로 이 청년이 갑작스럽게 세상을 떠나자, 출판업자 토비아스 하슬링거는 급히 그의 마지막 작품으로 추정되는 가곡들만 묶어 다음 해 5월에 출판한다. 그것이 슈베르트(Franz Peter Schubert, 1797-1828)의 『백조의 노래(Schwanengesang)』다.

백조는 숨을 거두는 순간 찬란하게 노래하고 생을 마친다고 한다. 그래서 예술가의 최후 작품을 죽는 순간 부르는 백조의 노래로 비유하곤 한다. 이솝 우화에서도 등장하는 '백조의 노래'(Τοὺς κύκνους φασὶ παρὰ τὸν θάνατον ᾄδειν. Perry 233)를 이런 전통으로 바꾼 사람은 소크라테스다.

소크라테스의 백조

'백조의 노래'는 소크라테스가 죽음을 앞둔 시점에서 꺼낸 이야기였다. 소크라테스가 자신의 죽음과 백조의 노래를 연결시킨 이유는 무엇일까? 플라톤의 『파이돈』(84e-85b)에 그 의도가 나타난다.

"자네들 생각에는, 내가 백조보다 못한 예언자 같군. 백조는 죽음이 가까이 왔다고 느끼면 그 순간에 가장 크게, 가장 찬란하게 운다네. 자신들이 섬겼던 신에게로 갈 것을 기뻐하기 때문이지. 백조가 죽음을 두려워한다고 말하는 것은 잘못이라네. 사람들은 백조가 울부짖으면서 죽음을 구슬프게 노래한다고들 말하지. 하지만 그들은 새가 배가 고플 때나 추울 때, 심지어 다른 어떤 고통이 있을 때도 노래하지 않는다는 것을 생각지 못하고 있네. 사람들이 구슬프게 노래한다고 여기는 새들도 전혀 그렇지 않다네. 내 생각으로는, 백조가 슬퍼서 우는 것이 절대 아니라네. 왜냐하면 백조는 아폴론에게 속해 있어

"백조는 죽음이 가까이 왔다고 느끼면
그 순간에 가장 크게, 가장 찬란하게 운다네.
사람들은 백조가 울부짖으면서
죽음을 구슬프게 노래한다고 말하네.
하지만 백조는 저세상에 있을 좋은 것을
미리 알기 때문에 기뻐하는 것이지."
──소크라테스

서 예지력이 있고, 저세상에 있을 좋은 것을 미리 알기 때문에 노래하면서 이전 날들과는 전혀 다르게 그날을 기뻐하는 것이라네."

죽음을 기뻐하는 이유

백조의 노래가 아름다운 이유는 백조가 죽을 날을 기뻐하기 때문이란다. 소크라테스는 독배를 마시고 죽게 될 자신을 백조의 죽음과 중첩시키면서, 죽음의 순간을 기쁨에 겨워 찬란한 노래를 부르는 순간으로 묘사하고 있다. 그렇다면 소크라테스가 백조처럼 기뻐하는 이유는 무엇일까?

우선 백조가 기뻐하는 이유부터 짚어 보자. "자신들이 섬겼던 신에게로 갈 것을 기뻐하기 때문이지." 신화에 따르면, 백조는 아폴론을 섬겼던 새로 그의 마차를 끌어 하늘을 날아다녔다고 한다. 그래서 백조는 아폴론이 가진 예지력으로 죽음 이후에 일어날 일까지 알고 있었다. 죽음 이후 백조들은 그 아폴론을 만난다. 백조들은 그 사실이 너무 기쁜 나머지 가장 아름다운 노래를 부르는 것이다.

이제 소크라테스의 경우를 생각해 보자. 백조와 마찬가지로 소크라테스 역시 자신이 섬기던 신을 죽음 이후에 만날 것이므로 설렘 가득하다는 주장이다. 그렇다면 소크라테스가 사후에 만나게 될 신의 정체는 무엇일까? 그 신은 정말 있기나 한 것일까?

아테네의 쇠파리

희랍 철학자들을 연구한 디오게네스 라에르티오스(180-240)가 전하는 소크라테스의 죄목은 도시국가 아테네가 인정하지 않는 "다른 새로운 신(靈)들을 들여온 죄"였다. 그 신(靈)을 희랍어로 '다이몬'이라 하는데, 영어 단어 '데몬(demon)'의 뿌리어이긴 하지만 고대 희랍, 특히 호메로스 서사시에서는 부정적인 의미가 없고 단지 '이름을 알 수 없는 신', 그러니까 '규정할 수 없는 어떤 신'을 말할 때 사용된다.

그래서 일반적으로 이름이 알려진 신, 예를 들면 올림포스 열두 신에 버금가거나 그보다 아래 급의 영적 존재를 말할 때 다이몬이라고 한다. 하지만 신이 자신을 드러내지 않아 알 수 없는 경우도 많기 때문에, 그 경우는 꼭 하등한 신이라기보다 단순히 신령이나 신성으로도 이해된다.

소크라테스는 그 신(靈)이 자신에게 사명을 주었는데, 『변명』에서 그 사명이 '아테네의 쇠파리'라고 말한다. 쇠파리는 소나 말 등에 붙어사는 곤충인데, 이 사명에 따르면 아테네 시민들은 싫든 좋든 자연히 소나 말이 되고 소크라테스는 아테네인들의 등에 앉아서 그들이 잠자지 못하도록 깨우는 역할을 맡았다는 것이다. 그에게 이것을 알려준 것이 그 신(靈), 바로 다이몬이었다.

그 '알려지지 않은 신'으로부터 받은 사명을 위해 소크라테스는 아테네 시민들이 싫어하는 일을 마다하지 않았던 것이다. 그리고

"자네 자신들을 잘 돌본다면,
나와 내게 속한 자들, 그리고 자네들 자신에게
자네가 할 일을 다한 것이네."
— 소크라테스

결국 그 사명 때문에 소크라테스는 독배를 마셨다. 그는 죽어서 자신이 어릴 적부터 들어온 그 신령의 목소리 또는 그 신성을 만날 것이기 때문에 죽음도 마다하지 않고 기쁘기만 한 것이다.

자신을 돌봄

죽을 때 부르는 백조의 노래는 가장 아름답다고 한다. 그렇다면 가장 찬란했을 소크라테스의 마지막 노래는 과연 무엇이었을까? 『파이돈』(115b)에서 소크라테스의 절친인 크리톤이 질문한다.

"소크라테스, 자네 자식이나 그 밖의 일들에 대해서 여기 있는 사람들이나 나에게 일러 줄 것은 없는가? 무엇이든 우리가 자네를 가장 기쁘게 할 일 말일세."

그러자 소크라테스의 '백조의 노래'가 울려 퍼진다.

"더 새로운 게 아니라, 내가 늘 말하던 바로 그 일일세, 크리톤. 그러니까 자네 자신들을 잘 돌본다면, 나와 내게 속한 자들, 그리고 자네들 자신에게 자네가 할 일을 다한 것이네."

소크라테스는 늘 하던 말, 자신들을 잘 돌보라고 말한다. 즉

'자신을 돌봄(ἐπιμέλεια ἑαυτοῦ, cura sui)'이 소크라테스의 가장 아름다운 백조의 노래였다. '자신을 돌봄'이란 자신을 향한 마음 씀이다. 푸코는 『주체의 해석학』에서 자신에게 관심을 갖는 것이 주체의 문제라고 주장하면서, 자기 돌봄의 주제를 고대로부터 중세까지 역사적으로 추적한다. 소크라테스의 찬란한 백조의 노래가 바로 '자기 돌봄(ἐπιμέλεια ἑαυτοῦ)' 내지는 '자기 치유(cura sui)'인 것이다.

백조의 호수

백조들은 지금까지 무엇을 하다가 마지막 순간이 되어서야 노래하는 것일까? 사실 백조는 평상시 자신들의 할 일을 묵묵히 하고 있었다. 한가롭게 호수에 떠 있는 백조들을 상상해 보자. 백조는 물속에 연거푸 머리를 담그고 때때로 긴 부리로 몸뚱이를 손질한다. 백조는 지금 호숫가에서 더러움을 닦아 내고 있다. 이때 물속에서 머리를 꺼낸 백조는 죽음의 세계를 벗어난 백조이고, 하얀 깃털은 수없이 반복된 물 담금의 결과다. 그렇게 백조는 거듭거듭 원래의 순수를 되찾는다.

우리도 어쩌면 백조의 삶을 살고 있는지 모른다. 아침에 일어나 얼굴을 물에 담그고 머리를 물속에 담그면서 매일 백조를 모방한다. 새롭게 다시 태어나는 종교적 제의를 샤워 부스 안에서 연거푸 한평생 거행한다. 그렇게 나 자신을 돌아본다. 그러다 어느 날 불현듯 저세상으로 비상하기 위해 순수한 나의 하얀 깃털을 쭉 뻗어 본다. 그 '돌봄'으로 우리는 새롭게 다시 날 수 있으리라.

이런 돌봄이 생존을 가능케 했기에 임종을 앞둔 소크라테스가 부른 '백조의 노래'는 장송곡이 아닌 '귀천(歸天)'하는 환송가가 된다.

> 나 하늘로 돌아가리라. 새벽빛 와 닿으면 스러지는 이슬 더불
> 어 손에 손을 잡고,
> 나 하늘로 돌아가리라.
> 노을빛 함께 단 둘이서
> 기슭에서 놀다가 구름 손짓하면은,
> 나 하늘로 돌아가리라.
> 아름다운 이 세상 소풍 끝내는 날, 가서, 아름다웠더라고 말하
> 리라
>
> ── 천상병, 「귀천」에서

어느덧 주위에 이별하게 되는 분들도 많아졌다. 나이를 먹을수록 그 가속이 느껴진다. 천상병 시인과 같은 '백조의 노래'를 부르는 분들의 임종도 간혹 보았다. 나는 나의 그 순간을 어떻게 맞이할지, 마지막 호흡이 목을 넘어 나의 폐부에 간신히 스러질 때를 생각하면 사뭇 떨린다. 내게 주어진 사명을 위해 나름 적은 손해 감수하며 살았더라고 흐뭇하게 '백조의 노래'를 흥얼거릴 수 있을는지, 나

도 이 세상 소풍 잘 마치고 왔다고, 그 소풍 갔던 세상 아름다웠다고 할 수 있을는지, 나지막이 나의 '백조의 노래'를 준비해 본다. "당신이 있어 행복했다고."

4   밑 빠진
독

**욕망의 무한 루프를
끊어 버려라**

다나오스 딸들의 형벌

당신은 차디찬 돌바닥에 얼굴을 파묻고 숨을 깊이 들이마신
다. 순식간에 당신의 머리카락은 아래로 떨어져 흘러내리고, 그 돌
틈새 여울에서 새어 나오는 물결마냥 머릿결은 하늘거린다. 당신의
귀와 목덜미, 길게 이어지는 등과 하체가 찬란하게 서늘하다. 가냘
프고 여린 당신의 팔로 고단한 육체를 대리석 위에 힘없이 지탱하지
만, 마치 삶을 체념한 듯 서러움이 느껴진다. 로댕의 조각품 「다나이
드」에 대한 나의 관람 평이다. 아직은 사진으로만 보고 느낀 것이다.

작품명 「다나이드」는 희랍어 '다나이데스'로 '다나오스의 딸들'
이라는 뜻이지만, 이 작품에는 단 한 명의 여인만 있다. 비극적이면
서도 육감적인 조각상의 실제 모델은 카미유 클로델(Camille Claudel,

1864-1943), 로댕의 제자이자 연인이었다. 그 클로델을 통해 다나오스 딸들의 비극이 고스란히 재현되었다. 이 딸들은 왜 이토록 비극적일까?

신화에 따르면, 다나오스의 딸들은 지하 세계, 하데스로 내려가서 '밑 빠진 독'에 물을 붓는 형벌을 받았기 때문이다. 그래서 생긴 명언 "밑 빠진 독"은 이후 많은 사람들의 여러 버전으로 회자된다. 그중에서 특히 플라톤은 이 명언을 인간 욕망의 문제와 연결시켰다.

밑 빠진 독 = 만족을 모르는 육체

플라톤이 '밑 빠진 독'을 언급하는 책은 대화편 『고르기아스』다. 다음을 보자.

"일전에 나는 어떤 현자로부터 이런 이야기를 들었다네. 즉 지금 우리는 죽어 있는 것이고, 육체는 우리 영혼의 무덤이다. 욕망이 영혼의 이 부분에 들어 있는데, 이 부분은 설득당하여 이랬다저랬다 변덕을 부리기 십상이지. (……) 어떤 재치 있는 이야기 작가는…… 이 부분을 항아리라 불렀다네. 생각 없는 자(ἀνόητος)들의 이 부분, 그러니까 영혼의 이 부분에 욕망이 들어 있는데, 이 작가는 새어 나가는, 즉 절제하지 못하는 이 부분을 '밑 빠진 독(τετρημένος πίθος)'이라고 했네. 만족을 모르기 때문에 그렇게 표현한 것이네."

— 플라톤, 『고르기아스』(493a-493b)에서

여기서 '밑 빠진 독'은 비유적 표현이다. 플라톤은 이 말을 통해 '만족을 모르는 인간의 욕망'을 고발한다. 그렇다면 구체적으로 '독'이 지시하는 것은? 플라톤에 따르면 "절제하지 못하는 이 부분을 '밑 빠진 독'"이라고 한다. 또한 이 부분은 "욕망이 들어 있는 영혼의 이 부분"이다. 특히 인용문 첫째 줄과 둘째 줄에 보면 영혼의 이 부분이란 '영혼의 무덤'인 '육체'임을 알 수 있다. 그렇다면 이 항아리는 육체이며, 이것이 밑이 빠졌다는 것은 무절제를 뜻하여, 결국 '밑 빠진 독'이란 만족을 모르는 무절제한 육체를 일컫는다.

밑 빠진 체 = 영혼의 지조 없음과 망각

플라톤은 덧붙여 만족을 모르고 절제하지 못하는 부분은 '생각 없는 자'에게 속한다고 한다. 이들이 하는 짓을 보자.

"이들은 밑 빠진 독에다 그처럼 밑 빠진 다른 것, 즉 체로 물을 나른다는 것을 보여 주고 있네. 그러니까 그가 말하는 체는…… 영혼을 뜻한다네. 생각 없는 자들의 영혼은 밑 빠진

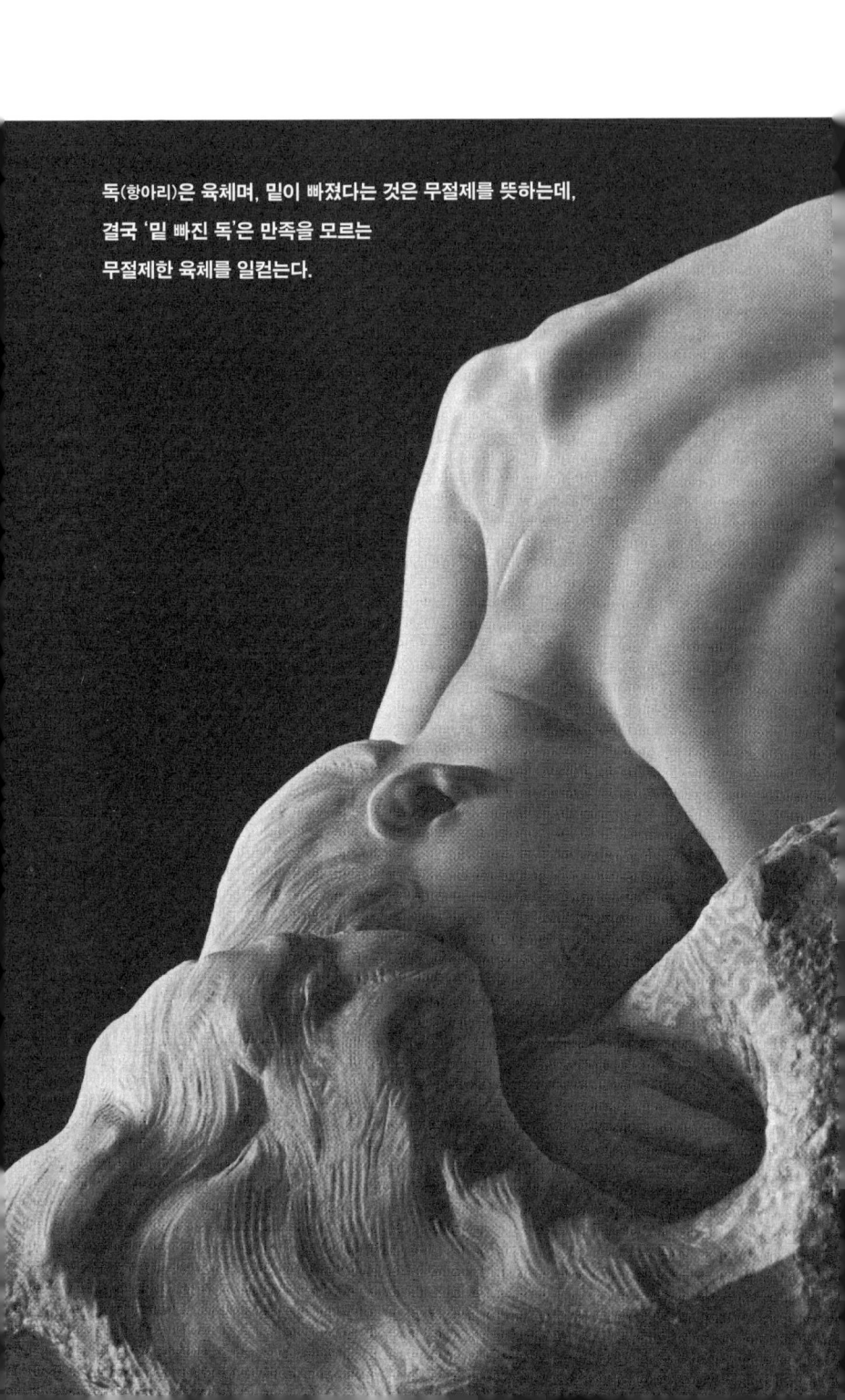

독(항아리)은 육체며, 밑이 빠졌다는 것은 무절제를 뜻하는데,
결국 '밑 빠진 독'은 만족을 모르는
무절제한 육체를 일컫는다.

오귀스트 로댕, 「다나이드」(1889)

것과 마찬가지라서 체에 비유한 것이지. 그러니까 그들의 영혼은 지조가 없고 망각하기 때문에 무엇이든지 전혀 유지할 수 없다네."

— 플라톤, 『고르기아스』(493b-493c)에서

급기야 플라톤은 만족을 모르는 육체를 설명하면서 최악의 상황으로 몰고 간다. 욕망은 밑 빠진 독처럼 아무리 부어도 채워질 수 없는 것, 심지어 그 독에 물을 옮기는 '체'마저 물을 유지할 수 없다. 물을 옮기는 그릇마저 새고 있으니 물을 어떻게 옮길 수 있을까?

그리고 여기서 '밑 빠진 체'란 또 무엇인가? 플라톤은 그 '밑 빠진 체'를 "생각 없는 자들의 영혼"이라 말한다. 또한 그는 이 영혼이 뭔가를 유지할 수 없는 이유가 "지조가 없고 망각하기" 때문이라고 밝힌다. 지금까지 인용문에 나타난 욕망에 대한 플라톤의 생각을 정리하면 다음과 같다.

- 밑 빠진 독-육체-만족 없음-절제 없음-설득당하여 변덕
- 밑 빠진 체-영혼-생각 없음-지조 없음-유지 못 하고 망각

욕망의 무한 루프

그렇다면 영혼은 무엇을 망각했기에 지조를 잃게 되는 것일

밑 빠진 독

욕망은 그동안의 대상에 대한 지조 없이
새로운 대상으로 향하게 된다.
또한 플라톤은 대상에 대하여
지조 없는 상태를
'망각'이라고 한다.
그 결과 우리의 육체는
무절제한 욕망에 한없이
미끄러지게 된다.

까? 영혼이 무엇을 유지하지 못하기에 불만족과 무절제가 육체에 난무하는 것일까? 욕망은 대체로 열정을 가지는 대상이 있기 마련이다. 이 대상은 결핍된 상태에서 채워지는 것이라 열정이 목표하는 타깃이 된다. 이때의 열정은 희랍어 에로스인데, 플라톤은 『향연』(203c)에서 그 출생의 비밀을 밝히고 있다. 즉 "에로스는 포로스(풍요의 신)와 페니아(빈곤의 여신) 사이의 아들"이라는 신화로 설명한다. 그렇다면 에로스, 즉 열정은 결핍에서 풍족으로 향하는 마음의 상태다. 직설적으로 말한다면 결핍이 욕망을 자극한다.

하지만 '밑 빠진' 상황에서는 결핍이 채워져 아주 풍족한 상태에서도 욕망은 반복된다. 왜 그럴까? 이미 자신이 욕망했던 대상은 채워졌지만 이제는 그 대상이 바뀌었기 때문이다. 첫째 인용문에 따르면, 육체는 "설득당하여 이랬다저랬다 변덕을 부리기" 쉬운 부분이다. 자신이 추구하던 욕망 A가 채워졌는데도 다른 대상을 향한 욕망 B가 생기고, 또 그렇게 욕망 C가 생기고, 욕망 D, 욕망 E, 욕망 F…… 욕망의 대상이 무한 반복된다.

우리는 이런 무한 반복을 컴퓨터에서 쉽게 경험한다. 사용하던 프로그램이 종료되지 않고 끝없이 동작하면 다른 프로그램이 더이상 응답하지 못하여 전체 시스템 오동작을 일으킨다. 이것을 '무한 루프'라 한다. 그럴 경우 어쩔 수 없이 강제로 기기를 종료시켜야 한다. 욕망의 대상이 무한히 반복된다는 것을 욕망의 '무한 루프'로 이해할 수 있다.

하지만 인간의 경우, 무한히 반복되는 욕망이 있다고 생체 시스텝을 멈출 수는 없는 노릇이다. 욕망이 '무한 루프'에 빠지면 늘 결핍의 감정 속에서 욕구 불만으로 살게 된다. 이것이 "밑 빠진 독과 밑 빠진 체"에서 경험되는 채우지 못한 고통, 영원히 채울 수 없는 갈급함이다.

둘째 인용문에서는 욕망하던 대상이 채워졌는데도 대상을 바꾸어 끝없이 욕망하는 것을 '지조'(피스티스, πίστις) 없는 상태라고 한다. 욕망은 지조 없이 그동안 추구하던 대상에서 새로운 대상으로 향하게 된다. 플라톤은 대상에 대하여 지조 없는 이런 상태를 '망각'이라고 한다. 우리의 육체가 무절제한 욕망에 한없이 미끄러지는 이유가 여기에 있다.

다나오스의 욕망

플라톤은 다나오스의 딸들이 받은 '밑 빠진 독에 물 붓기'를 왜 욕망의 문제로 해석할까? 좀 더 구체적으로 생각해 보면, 다나오스의 딸들에게는 과연 어떤 욕망의 문제가 있는 것일까? 다나오스는 아이귑토스와 쌍둥이 형제였다. 두 형제는 아프리카에서 리뷔아와 이집트를 각자의 영토로 소유하고 있었는데, 이들은 자식들도 많아서 다나오스에게는 딸이 쉰 명, 아이귑토스에게는 아들이 쉰 명 있었다. 아이귑토스는 자신의 아들들을 다나오스의 딸들과 결혼시켜 두 영토를 다 차지하려는 야심이 있었다. 반면 사위에게 살해된다는 신탁을 받은 다나오스는 급히 딸들을 데리고 리뷔아를 떠나 희랍 땅 아르고스로 도망친다.

스토커의 전형인 아이귑토스의 아들들은 그곳까지 쫓아와 집 요하게 결혼을 요구한다. 결국 다나오스는 계략을 꾸민다. 딸들에게 첫날 밤 모두 신랑을 죽이라고 머리핀을 준비시킨 것이다. 딸들은 날카로운 핀을 머리카락에 숨겨 두었다가 신방에서 일제히 남편들의 심장을 찌른다. 다나오스 신화는 남편을 죽이지 않은 딸과 포세이돈이 사랑한 딸을 제외한 마흔여덟 명이 훗날 하데스에서 아무리 부어도 채워지지 않는 항아리에 물을 길어다 넣어야 하는 형벌을 받았다고 전한다.

다나오스 신화를 주제로 비극을 지은 작가가 있었다. 아이스 퀼로스다. 그런데 이상한 일이다. 신화에 나타난 '밑 빠진 독'에 물 붓는 형벌이 아이스퀼로스가 전하는 다나오스 3부작에서는 나타나지 않기 때문이다. 이 3부작 가운데 『탄원하는 여인들』을 제외한 두 작품은 소실되었지만 발견되는 조각 글을 통해 대략 알 수 있는 결말은, 그토록 결혼을 반대하던 딸들이 새로운 남자들과 어떤 사랑의 감정도 없이 결혼한다는 비극이다. 그러니까 아이스퀼로스는 결혼을 관장하는 신 아프로디테가 결혼을 반대했던 딸들의 탄원에도 불구하고 결혼을 이루어 낸다는 것으로 다나오스 집안의 이야기를 끝맺고 있다.

아이스퀼로스는 어떤 생각으로 이것을 비극의 주제로 삼은 것일까? 신화처럼 딸들이 남편을 살해해서 '밑 빠진 독'이라는 형벌을

플라톤이 말한 '밑 빠진 독' 공식을 대입해 보면
정작 '밑 빠진' 욕망에 사로잡힌 사람은
클로델이 아니라 로댕이었다.
로댕은 위대한 조각가라는 명예를
독점하려 했을 뿐이며,
막상 그것을 얻고 나니
뛰어난 예술성을 지닌 클로델은
오히려 자신에게 방해가 됐다.

카미유 클로델, 「왈츠」(1895)

받은 것이 비극이 아니라, 하기 싫은 결혼을 해야 하는 것이 바로 이 작품의 비극이다. 사실 '밑 빠진 독'에 물 붓는 형벌은 왠지 불공평하다. 그도 그럴 것이 다나오스의 딸들이 결혼 서약을 어기게 된 것은 아버지 다나오스의 계략이었기 때문이다.

'지조'라는 희랍어 '피스티스'는 서약에 대한 '충실함'까지도 의미한다. 하지만 다나오스는 자신의 권력 유지를 위해 결혼 서약의 파기를 자행했으니, 지조 없는 행위를 일삼은 것이다. 아마도 이런 점에 문제성을 느낀 아이스퀼로스는 그 파기된 결혼 서약을 다시 회복하는 것, 플라톤 식으로 말한다면 대상이 바뀐 그 욕망을 또다시 시도하여 결혼하는 것으로 마무리했다. 비극적 운명을 택하면서까지 지조를 유지하는 것에 의미를 부여한 것이다.

다나오스 3부작에서 비극적인 삶을 사는 주인공은 아버지의 권력욕 앞에서 남편을 죽여야 했던 그의 딸들이다. 딸들은 아버지의 권력 욕망의 희생자였다. 그리고 아마도 새롭게 발견되는 조각 글에 '밑 빠진 독'이 있다 해도, 그것은 죽은 이후 하데스에서 형벌로 주어진 것이 아니라 아버지의 도피로 인해 척박한 희랍 땅 아르고스에서 딸들이 정착하기 위해 감당해야 했던 현실의 고통이었을 것이다. 이러한 여인들의 비극이 있었기에 희랍은 뛰어난 문명을 만들 수 있었다.

무한 루프에 빠진 욕망의 희생자

처음에 소개했듯 로댕의 「다나이드」는 '밑 빠진 독'에 물을 채워야 하는 무한 반복의 형벌을 받은 여인을 조각상으로 표현했다. 그 모델은 클로델인데, 로댕과의 첫 만남은 클로델이 이끄는 여성 조각가 모임에 로댕이 교사로 초대되면서부터다. 영화 「카미유 클로델」은 지금까지 총 두 편이 나왔다. (좀 개인적인 이야기지만, 1988년 작품은 당시 유행했던 비디오 대여를 통해서, 2013년 작품은 스크린을 통해 볼 수 있었다.) 두 영화는 감독과 배우가 다르지만, 전편은 클로델이 정신병원에 들어오게 되기까지, 후편은 정신병원에 입원해서 죽기까지 이 여인이 겪는 내면세계를 묘사한다.

클로델과 사랑에 빠진 후 로댕은 자신의 작품을 더욱 사실적으로 묘사하게 된다. 이 점을 두고 로댕이 클로델의 작품에서 받은 영감을 통해 자신의 작품을 더욱 발전시켰다고 해석하는 평론가들도 많다. 하지만 로댕이 점점 인기 예술가가 되면서 클로델과는 엇박자로 가게 된다. 로댕은 클로델의 예술적 잠재력을 끌어올리기보다 자신에게 영감을 준 여인을 세상에 알리기조차 꺼렸다.

결국 클로델은 로댕과 헤어진다. 그 후 15년간 클로델은 로댕이 자신을 파멸시킨다는 중압감에 시달리다 급기야 가족에 의해 정신병원에 감금되고, 그곳에서 30년간 미친 사람 취급을 받으면서 생을 마감한다. 물론 클로델의 정신병원은 과연 뭔가를 채우려고 몸부림쳐도 채우지 못하는 '밑 빠진 독'이었다. 그녀의 경우는 대상이 계

어디 보자. 나 때문에 잠재력을 키우지 못하고
한없이 나만 바라며 목말라하는 그가 '밑이 빠진 것'인지,
아니면 인기에 영합해 내게 주어진 것들에 만족하지 못하고
끝없는 욕망의 무한 루프에 빠진 내가 '밑이 빠진 것'인지.

브루노 뒤몽 감독, 「카미유 클로델」(2013)

속 바뀌면서 생긴 욕구 불만이 아니라 대상을 찾지 못해서 오는 욕구 불만이었다.

하지만 플라톤이 말한 '밑 빠진 독' 공식을 대입해 보면 정작 '밑 빠진' 사람, 그러니까 욕망에 사로잡힌 사람은 클로델이 아니라 로댕이다. 로댕은 우선 사랑하는 연인 클로델에 대한 충실함, 즉 지조가 없었다. 그 결과 그녀와의 사랑도, 각자의 예술성도 유지하지 못한다. 로댕에게 클로델은 자신이 예술가로 우뚝 서기 위한 수단에 불과했다. 로댕은 위대한 조각가라는 명예를 독점하려 했을 뿐이며, 막상 그것을 얻고 나니 예술적 잠재력을 지닌 클로델은 오히려 자신에게 방해가 됐다.

결국 직접적이지는 않더라도 로댕이 가진 인기와 명예에 대한 욕망은 클로델을 정신병원으로 몰아가게 만들었다. 좀 극단적으로 말하자면, 로댕은 클로델의 뛰어난 잠재력과 재능이 정신병원에서 사장(死藏)되도록 방조한다. 명성과 인기를 위해 로댕 자신은 '밑 빠진 체'가 되어 클로델이 지닌 진정한 예술혼이 다 새어 나가게 만들었다.

우리는 지금 무엇이 부족한가? 분명 그 결핍을 채우려 우리는 저마다 무엇인가를 욕망할 것이다. 정말 열심히 그것을 욕망하던 어느 날, 느닷없이 드디어 그것을 얻게 된다. 그런데 기쁨과 만족도 잠시, 우리는 언제 그랬냐는 듯 또 욕망한다. 이제 그 대상은 살짝 업그레이드된다. 이 사회는 대상을 향한 우리의 변덕을 부추긴다. 당신은 최근 더 큰 자동차를 장만했을 것이고, 선글라스를 끼고 운전

석에서 아주 근사하게 나오는 자신을 떠올리며 한동안 부풀어 있을 것이다. 그것도 잠시, 당신은 이런저런 유명 브랜드로 도배된 외모로 또다시 자신을 업그레이드시키고, 희미해져 가는 자신의 차에 대한 망각과 함께 불현듯 더 근사한 차를 상상한다.

당신은 욕망의 대상을 바꾸었고, 그래서 사실 모든 만족은 수명이 짧았다. 그동안 내가 신세를 진 모든 사물과 사람들에 대한 만족도 없다. 그것들을 향한 지조도 없다. 아니, 그저 아무 생각 없이, 때때로 변덕을 부리며, 어떤 절제도 없이, 또 그렇게 하고서도 사랑인 줄 알았다. 어디 보자. 나 때문에, 잠재력을 키우지 못하고 한없이 나만 바라며 목말라하는 그가 '밑이 빠진 것'인지, 아니면 인기에 영합해 내게 주어진 것들에 만족하지 못하고 끝없는 욕망의 무한 루프에 빠진 내가 '밑이 빠진 것'인지.

밑 빠진 독과 밑 빠진 체의 그 '밑 빠진' 육체와 영혼을 점검하자. 욕망하던 대상에 대한 무한 변덕의 말로는 '밑 빠진'이라는 또 다른 희랍어 '아뷔소스(ἄβυσσος)'로 그 비참성을 극대화했다. 이 낱말은 영어 'abyss'의 뿌리어로 '밑(βυθός)', '없음(ἀ)'을 뜻한다. 우리는 무저갱(無底坑)이라고 옮긴다. 한번 떨어지면 영원히 나오지 못한다는 구렁텅이, 그곳은 밑도 끝도 없고 중력만 있기에 가속만 계속될 뿐이다.

무심코 오늘 산 예쁜 옷이 내 옷장에 있다는 것을 알게 되었다. 1년 전에 포장도 뜯지 않은 채 다소곳이 내 손길을 기다리는 와이셔츠…… 욕망하던 대상이 채워지고 나서도, 그 대상을 망각하고 또다시 새로운 대상을 찾는 욕망의 무한 루프에 나도 걸려 있었다. 밑 빠진 나, 얼(희랍어의 영혼) 빠진 나를 개혁하자. 그 무저갱 속에서 가속화되는 욕망의 과부하를 이제라도 끊어 버리자. 밑 빠진 독을 처단하라!

5 주사위는 던져졌다

'위험의 차원'으로

들어가라

말라르메와 목신의 몽환

도주(逃走)의 악기여, 오 심술궂은 판 신(神)의 피리여

네가 나를 기다리는 호수에서 꽃 피어나도록 하라

(……)

포도 알들의 광명을 빨았을 때

웃으며 나는 그 빈 포도송이를 여름 하늘에 쳐들고

빛나는 껍질 속에 내 숨결을 불어넣으면서

도취를 갈망하여 저녁때까지 나는 그 속을 투시한다.

　　　　　　　　　　── 스테판 말라르메, 『목신의 오후』에서

나른한 어느 여름날 오후, 목신 판(라틴어로는 '파우누스')은 포도

그렇게 몽롱한 관능을 누린 것도 잠시,
목신이 꿈에서 깨어나자 일상의 권태가 밀려온다.
무료함에 지친 목신은 억지로 잠을 취하며
또다시 오후의 고요함과 그윽한 숲 냄새를 탐닉한다.

송이를 쳐들고 도취를 갈망하며 그 껍질 속을 투시한다. 그리고 그
는 시칠리아 섬 해변의 숲속에서 잠이 든다. 아련한 꿈속에서 목
신은 목욕하고 있는 요정의 모습을 본다. 멀리 나무 사이로 가물거
리는 뿌연 모습에 넋이 나갔다. 목신은 이전에 흠모하던 요정을 떠
올린다. 이윽고 목신은 몰아(沒我)의 상태로 그녀를 껴안는다. 그렇

게 몽롱한 관능을 누린 것도 잠시, 목신이 꿈에서 깨어나자 일상의 권태가 밀려온다. 무료함에 지친 목신은 억지로 잠을 취하며 또다시 오후의 고요함과 그윽한 숲 냄새를 탐닉한다. 말라르메(Stéphane Mallarmé, 1842-1898)가 전하는 목신 사건의 전말이다.

기원전 44년에도 이 목신을 기리는 축제(Lupercalia, 늑대굴 축제)가 로마에서 열렸다. 바로 그 축제일에 카이사르(Gaius Julius Caesar, BC 100-44)에게 당시 집정관이 된 그의 충복 안토니우스(Marcus Antonius, BC 83-30)가 제안한다. "카이사르여, 왕이 되어 주십시오." 카이사르는 통명스럽게 거절한다. 카이사르는 이미 종신 독재관(딕타토르)이 되어 관직이라는 염증에 시달리고 있었다. 카이사르는 용의주도하게 일구어 낸 성공 뒤에서 이제는 권태를 느끼고 있다. 목신(축제일)의 오후에 그가 꿈꾼 것은 무엇이기에 왕으로서의 길을 마다한 것일까? 「목신의 오후」에서 말하는 그 몽환이 카이사르에게도 있었던 것은 아닐까?

루비콘 강에서의 외침

카이사르가 여기까지 온 것은 그의 결단, 즉 루비콘 강에서 외친 "주사위는 던져졌다.(iacta alea est.)"에 따른 것이었다. 우리는 이제는 더 이상 돌이킬 수 없는 일이 생기거나 결정되었을 때 이 명언을 쓰곤 한다. 루비콘 강은 당시 로마 변경과 갈리아-키스알피나의 경계를 이루던 강으로, 카이사르는 여기서 군 통수권을 포기하고 자신의 군대를 해산해야만 했다. 그는 이미 폼페이우스, 크라수스와 함께 1차 삼두정치에 임하면서 원로원과 갈등을 빚은 적이 있었다. 최근에는 총독직 말년임에도 혼자 독단적으로 갈리아와 브리타니아까지 종횡무진하며 전쟁을 벌였기에, 총독 임기가 끝나면 곧바로 고소당할 위기에 처했다.

카이사르는 일단 집정관직에 오르면 누구도 자신을 고소할 수 없다고 판단하고 다음 해의 집정관이 되려 했다. 그러나 부재 상태, 그러니까 카이사르가 로마에 들어가지 않은 상태에서 집정관직에 입후보하게 해 달라는 그의 청원은 거부되었다. 오히려 원로원과 폼페이우스는 카이사르에게 먼저 군대를 해산하고 로마로 들어오라고 요구했다. 당시 로마는 카이사르의 반대파들이 덫을 쳐 놓고 그가 오기만을 기다리고 있었다. 카이사르는 스페인에 주둔시킨 폼페이우스의 군대를 해산한다면 자신도 그 요구에 응할 것이라고 대답했다. 하지만 폼페이우스는 이를 거부했다.

기원전 49년 원로원은 폼페이우스에게는 다시 독재관에 버금가는 전권을 맡겼고, 한편 카이사르에게는 군대와 속주의 지휘권을 넘기라고 마지막으로 요구했다. 그런 상황에서 카이사르가 자신을 경호할 군대도 없이 맨몸으로 로마로 들어선다는 것은 곧 죽음을 의미했다. 카이사르는 루비콘 강에 다다르자 자신의 병사들에게 외쳤다.

"한 번의 주사위 던지기가 결코
기회를 폐기하진 않는다."
──스테판 말라르메, 「주사위 던지기」에서

"자, 진군하자. 신들이 기적을 보이며 부르고 있는 곳으로, 비열한 정적들이 부르고 있는 곳으로. 주사위는 던져졌다."

이 이야기는 수에토니우스(69-140년)의 『황제열전』(32. 1)에 전해진다. 그런데 동일한 사건을 다루는 플루타르코스(46-120년)는 카이사르가 고대 희랍의 희극 작가인 메난드로스(BC 342-292년)의 명언("주사위는 던져졌다.(Ἀνερρίφθω κύβος)")을 그대로 인용한 것(『폼페이우스의 일생』 60. 2. 9)이라고 전한다. 결국 카이사르는 군대를 이끌고 루비콘 강을 건넜고, 이제 더 이상 돌이킬 수 없는 운명에 자신을 맡겼다. 그 후 폼페이우스 군과의 내전에서 승리하여 혁명에 성공한다. 4년 남짓 치열하게 싸운 끝에 기원전 45년에 드디어 내란을 종식시켰고, 일인 독재관(딕타토르)이 된다. 이것이 루비콘 강에서 주사위를 던진 이후 카이사르에게 벌어진 운수였다.

알랭 바디우의 '주사위'

이런 주사위 얘기를 최근에 다시 언급하여 이목을 집중시킨 철학자가 있다. 알랭 바디우(Alain Badiou, 1937-), 그는 자신이 쓴 『행복의 형이상학』에서 말라르메의 시 「주사위 던지기」를 분석한다. 바디우는 이 시의 메타포를 사용해 '주사위'라는 우연성과 '던지기'의 결단력을 종용한다. 바디우는 말한다. "세계는 안전을 계산할 필요성이 지배하는 세계다. 교육이 직업 안정성의 계산을 체계화하고 고용 시장의 경향에 적응할 필요성을 높이는 방식이다." 이 철학자는 우리가 모두 안전지대에 있으려고 주사위를 던지지 않고 있는 사태를 고발하고 있다.

하지만 말라르메는 과감하게 주사위를 던지고 '위험의 차원'으로 들어갈 것을 촉구한다. 그래야만 "한 번의 주사위 던지기는 결코 기회를 폐기하지 않는다."라는 말라르메의 시구처럼 그 위험으로 나아가겠다는 결단(곧 주사위 던지기)은 값진 것이 된다. 그렇다면 카이사르의 '주사위 던지기'는 과연 값진 것이었나?

목신(축제일)의 오후에 카이사르는 왕이 되기를 거부한 이후 자신을 암살하려는 음모가 진행되고 있다는 사실을 알았다. 로마력 3월 15일, 파르티아 출정을 앞두던 카이사르는 암살 경고를 받았음에도 원로원의 새 회의장인 폼페이우스 극장으로 향했다. 암살자들이 오히려 거사를 두려워하는 것일까? 그곳으로 가는 도중에도 재차 암살 경고가 이어졌다.

카이사르는 그 모든 경고들을 무시했다. 입구에 들어서자 카이사르의 반대자들이 진분홍 토가를 입은 그를 에워쌌다. 몇 명이 칼을 꺼내 그를 찌른다. 그러고 나서 그들이 공포에 사로잡힌다. 카이사르는 죽음을 눈앞에 둔 상황에서 머리만 다른 곳을 응시한 채 자신의 몸을 적들에게 온전히 맡겼다. 한 번, 두 번, 세 번…… 스물세 번의 난자. 그러고서야 카이사르는 자신의 몸을 땅에 떨구었다.

영화 「지옥의 묵시록」에서 커츠 대령이 난도질당하는 순간이

주사위는 던져졌다   70

재차 거듭되는 암살 경고에도 불구하고
카이사르는 원로원들 앞에 나타난다.
그리고 자신이 던진 주사위의 결과를 받아들인다,
몽환적으로.

자연스럽게 오버랩 된다. 모든 칼을 받아낸 커츠가 편안히 땅에 누운 채 특유의 낮은 목소리로 읊조리는 대사. "horror, horror……." 죽음으로 소름 끼치는 공포를 받아 내지만, 영화의 그 장면은 잔인할 정도로 몽환적이다. 카이사르도 이처럼 자신이 던진 주사위를 결국 받아들인다, 몽환적으로.

던져진 주사위가 값진 것이 되려면

아! 이 물의 요정들의 모습이 영원히 지속되었으면
이네들 발그레한 살빛 아련히 연연하여 숲속같이
깊은 잠에 싸여 조는 대기 속에 하늘하늘 떠오른다.
내가 꿈에 취한 것일까?
내 의혹은 해묵은 밤인 듯 쌓이고 쌓여
마침내 숱한 실가지로 돋아나더니
생시의 무성한 숲이 되어 내게 일깨우니
오호라!
끝에 남은 것이란
나 혼자 애타게 그린
장밋빛 과오.

— 스테판 말라르메, 『목신의 오후』에서

카이사르의 종국을 말라르메의 시 「목신의 오후」 중 첫 부분으로 마무리하자. 카이사르는 자신이 던진 주사위로 인한 자기 '과오'를 철저히 끌어안고 갔다. 우리도 "주사위가 던져졌다."고 외치려면, 위험이 도사리고 있을지 모른다는 제 나름의 열애에 빠지려면, 바디우 식으로 말해 우연성을 열어 놓기로 결단했다 치면, 카이사르처럼 던져 놓은 숫자, 즉 인생 팔자에 과감히 내 몸을 맡겨야 하지 않을까? 그때만이 내 인생의 지난날 루비콘 강에서 던져 놓은 주사위는 값지게 될 것이다.

카이사르의 목신 축제일과 주사위에 대한 에피소드가 시대와 장소가 전혀 다른 말라르메에게 시적 상상력으로 재현된다는 점이 흥미롭다. 또한 그들과 완전히 다른 우리도 저마다 주사위를 던지고 있다는 점이 경이롭다. 자, 주사위는 던져졌다!

유대인의 주사위 절기

주사위와 관련된 절기를 지키는 민족이 있다. 바로 유대인의 부림절 이야기다. 유대인들은 많은 절기 중 유독 부림절을 가장 크게 기뻐하고 즐긴다. '부르(푸르)'란 주사위를 뜻한다. 그들은 왜 주사위 절기를 지키는 것일까?

부림절은 본래 하만이라는 권력자가 유대인들을 죽이기 위해 주사위를 던져 택한 날이었다. 유대인들이 페르시아제국에 끌려가 살던 시대. 영화 「300」에서도 그 위용을 드러낸 황제 크세르크세스 1세(BC 518-465, 히브리어로는 아하수에로)는 당시 대제국 페르시아를 건설하면서 민족 혼합 정책을 폈다. 그래서 수도인 수사(Susa)에 유대인들을 이주시켜 거주하게 만든다.

그런데 당시 황제의 신하 중에 하만이라는 사람이 수사 성의 실세였다. 하만은 권력을 남용하곤 했는데, 그 한 가지 예가 왕 이

외의 모든 사람들이 자신에게 절하도록 명령을 내린 것이었다. 하지만 유대인들은 율법에 야훼 신 외에는 절할 수 없다는 신앙을 지켰기에, 아무리 하만이 실세라 해도 그 앞에서 절하지 않았다. 분하게 생각한 하만은 유대인을 몰살하려고 꾀한다. 그리고 유대 민족 말살 날짜를 확정지으려 했다. 그날을 결정하기 위해 사용된 것이 주사위였다. 그리고 주사위(푸르)를 던져 결정된 날이 아달월 13일이었다.

그런데 이때 또 하나의 주사위를 던진 여인이 나타난다. 유대인으로서 후궁으로 있다 왕후가 된 에스더. 에스더는 자신만 왕궁에서 살아남기를 원치 않았다. 그래서 왕에게 나아간다. 당시 왕의 명령 없이 왕을 본다는 것은 왕궁에서 금지된 일이었지만, 에스더는 "죽으면 죽으리라."는 목숨을 건 주사위를 던진다. 그렇게 에스더는 왕에게 들어갔다.

"수사 성에 있는 모든 유대인들을 모아 아무것도 먹지 말고 마시지도 말며 나를 위해 밤낮 사흘 동안 금식 기도해 주세요. 나도 내 시녀들과 함께 금식하겠습니다. 금식 기간이 끝나면 내가 법을 어기는 한이 있더라도 황제에게 나아가겠습니다. 내가 만일 그 일로 죽어야 한다면 기꺼이 죽겠습니다."
—「에스더」(4장 16절)에서

왕은 자신에게 들어서는 왕후를 보니 그날따라 아름다워 보였고 그래서 노하기는커녕 오히려 잔칫상을 준비시킨다. 이후 에스더는 왕에게 하만의 음모를 고발했는데, 그런 와중에 자신의 입지가 곤란해진 것을 알아차린 하만은 왕비 에스더에게 매달려 애원한다. 왕은 이 광경을 보고 왕후에게 추태를 부린다고 판단한 나머지 자신의 충복 하만을 사형에 처한다. 그렇게 해서 유대인 말살 위협은 영영 사라지게 된다.

주사위를 던져 택일 된 아달월 13일, 숫자는 그대로인데 운명은 바뀌게 된다. 이후 유대인들은 오늘날까지도 부림절을 지키고 있다. 이것이 유대인의 주사위 명절인 부림절의 유래다.

우리는 내 운명의 주사위 숫자가 좋기만을 바란다. 하지만 부림절을 지키는 히브리인들은 인생이 팔자에 묶이지 않고 그 팔자의 숫자가 주는 의미를 역전시킬 수 있다고 되새긴다. 운명에 대해 우리는 어떤 자세를 취하는가? 이미 주사위는 던져졌고 내 인생은 끝났다고 절망할 것인가? 결코 늦지 않았다. "죽으면 죽으리라."의 또 다른 패가 부림절의 '인생 역전'을 만들기 때문이다.

2부 ——————— 함께하라

6 시작이 반이다

시작 단계에서 '불찰'이 없게 하라

연애의 '시작'

중국의 선비가 한 기녀를 사랑하게 되었다. 그 기녀는 선비에게 "선비님께서 만약 제 집 정원 창문 아래서 의자에 앉아 100일 밤을 기다리며 지새운다면, 그때 저는 선비님 사람이 되겠어요."라고 말했다. 그러나 아흔아홉 번째 되던 날 선비는 자리에서 일어나 의자를 팔에 끼고 그곳을 떠났다.

─ 롤랑 바르트, 『사랑의 단상』에서

이 글을 읽을 때마다 이상하게도 애틋함이 여운으로 남으니, 아예 선비는 하루를 더 기다렸고 드디어 기녀와 뜨거운 사랑이 시작되었다고 해 두자. 단 두 사람은 이미 자신들의 영역에서 권력의 자리를 차지한 상태다. 선비는 이미 조강지처가 있었고 기녀는 연하의 꽃미남을 머슴마냥 곁에 두고 있었지만, 둘의 뜨거운 사랑은 시작되었다. 그러던 어느 날 기녀가 잠시 여행으로 자리를 비운 사이, 선비는 외로웠던지 하필 기녀의 꽃미남과 정분이 났다. 여기서 막장 드라마는 시작된다. 서둘러 돌아온 기녀는 이 사실을 알아채고는 모욕을 느낀 나머지 자신도 선비의 처를 유혹한다.

이러한 사각 관계를 잡다히 들은 저잣거리 행인들이 이쪽저쪽 편을 들더니, 온 마을이 그만 두 파로 갈렸다. 두 사람의 애정 행각은 곧 백성들의 증오로 바뀌었고, 급기야 나라의 신분제 변화에까지 영향을 미쳤다. 이 정도에서 연애담은 일단락하자. 이 스캔들은 허구가 아니라 옛날 쉬라쿠사에서 실제로 있었던 일이다. 물론 선비나 기녀는 모두 당시 쉬라쿠사에서 공직에 있었던 두 남자 이야기를 각색한 것이다. 나머지는 그대로다. 바로 이 연애 문제를 갖고 점잖은 철학자 아리스토텔레스(BC 384~322)가 "시작이 반이다."라는 문구를 설명한다.

연인들의 불찰

아리스토텔레스가 연애담을 늘어놓으며 '시작'을 설명하는 책은 뜻밖에도 『정치학』이다. 우리는 여기서 명언의 첫 낱말 '시작'이 과연 무엇인지 주목하자.

그러므로 이런 다툼은 시작부터 조심해야 하고, 유력한 지도자들의 불화들은 즉시 해결되어야만 한다. 왜냐하면 불화는 시작에 불찰(ἁμάρτημα)이 있었기 때문이다. "시작이 반이다."라고 이야기 되듯(ἡ δ᾽ ἀρχὴ λέγεται ἥμισυ εἶναι παντός), 시작에 있는 작은 불찰이 다른 부분에 있는 불화들과 맞먹기 때문이다.

— 아리스토텔레스, 『정치학』(5권 1303b29)에서

시작에 불찰이 있으면, 그때의 불찰은 이후 모든 단계의 불화를 합친 것과 같다. 그러니까 시작에 있는 불찰은 그만큼 비중이 클 수밖에 없다. 그렇다면 앞서 말한 연애담에서 국론의 분열까지 몰고 왔던 그 불찰이란 과연 무엇일까? 다시 말해 사랑을 시작할 때 무엇이 이 연인들의 불찰이었단 말인가? 다음을 보자.

이유 없이 입게 되는 상처를 불운이라 한다. 한편 악의는 없지만 이유가 있어서 입게 되는 손해를 불찰이라 한다. 그러니까 시작에 상처의 원인이 있으면 불찰이고, 시작에 상처의 원인이 없으면 불운이다. 또 한편 의도하지 않았어도 (상처 입힐 것을) 알고 있을 때는 불의인데, 예를 들어 분노나 피할 수 없는 본성적 격정에 굴복해서 보게 되는 상처 말이다.

— 아리스토텔레스, 『니코마코스 윤리학』(1135b, 18)에서

아리스토텔레스는 이 글에서 상처를 세 가지로 구분하는데,

불운, 불찰, 불의다. 불찰은 불운과 불의의 중간 정도로, 악의는 없지만 이유가 있어서 손해를 입는 상태다. 불찰이란 희랍어로 '하마르테마'인데, 이 낱말의 동사 '하마르타노'는 '빗나가다.'는 의미를 갖는다. ("그대는 빗맞히고 맞히지 못했다."『일리아스』5권 287.) '하마르타노'는 의도한 대로 결과가 이루어지지 않고 빗나감을 뜻하기에, 그 명사형 '하마르티아'는 보통 '실수'나 '허물'로 번역된다.

'하마르테마'는 이것의 또 다른 명사형으로 손해가 되는 일을 계속 범하면서도 알지 못하기 때문에 '불찰'이 된다. 다시 한번 상처의 세 가지를 정리해 보자. '불운'한 자는 아무 이유 없이, '불의'한 자는 알면서도 감정에 휩싸여서, '불찰'이 있는 사람은 그 이유를 살피지 않는 탓에 각각 상처를 입는다. 특히 불찰에는 상처받는 이유가 은폐되어 있다. 일평생 계속 상처가 있더라도 그 원인을 모르거나 망각하는 게 불찰이다.

그런데 상처의 이유를 망각한다는 것에 한 발짝 더 들어가 보면, 그것은 결국 자신의 몫에 대한 망각이다. 그도 그럴 것이 언어학자들은 불찰의 희랍어 '하-마르-테마'에서 '마르-'의 뿌리는 '모이라'(몫)라고 지적하는데, '빗나간(하-) 몫(-마르-)이 결국 '하마르테마'고, 그것은 불찰, 즉 상처(손해)의 이유를 간과함이다. 몫의 망각이 결국 상처받는 이유에 대한 간과인 셈이다. 보다 분명한 이해를 위해 지금까지의 논의를 쉬라쿠사 연애담의 등장인물에 대입해 보자.

- 불운(이유 없는 상처) : 조강지처와 꽃미남

아리스토텔레스에 따르면,
시작에 불찰이 있으면
그때의 불찰은
이후 모든 단계의 불화를 합친 것과 같다.

- 불찰(자신의 몫을 살피지 않아 상처받음) : 연애를 시작하는 두 연인
- 불의(알면서도 분노와 격정 분출) : 각자 다른 상대를 유혹하는 두 연인

세상의 시작은 충분히 아름답다

결국 "시작이 반이다."라는 말을 통해 아리스토텔레스가 강조한 것은 '불찰 없는 시작'을 하라는 것이다. 불찰이 상처의 원인을 제공하게 되니, 불찰 없이 일을 시작하려면 상처의 이유를 살피는 것, 더 들어가 '자신의 몫'을 아는 것이다.

그렇다면 옛 쉬라쿠사의 연애담에서 이 연인들의 몫은 무엇이기에 그것을 망각하고 연애를 시작한 것일까? 다시 인용문 처음으로 돌아가 보자. "그러므로 이런 다툼은 시작부터 조심해야 하고, 유력한 지도자들의 불화들은 즉시 해결되어야만 한다." 이 연인들은 '유력한 지도자들'이었다. 원문에서는 그들이 '공직'에 있었다고 한다. 말하자면 공인(公人)이었다. 공인으로서 자신들의 '명예(Noblesse)'에 걸맞는 '의무(Oblige)'를 다하지 못했다. 노블리스 오블리주가 없었던 것이다.

아리스토텔레스의 『정치학』에는 나라를 위험에 빠트리는 공인의 불찰이 계속 소개되고 있다. 그런데 신기하게도 '시작'이라는 회

랍어 낱말 '아르케(ἀρχή)'는 '만물의 근원'이라 할 때의 그 '근원'이면서 '권위', '지배권'이란 의미도 함께 지닌다. 그런 이들이 자신들의 몫, 그러니까 공인과 현재 조강지처와 애인에 대한 책임을 망각하고 연애를 시작했다. 다시 말해 이들이 연애의 시작에, 권위에, 지배권에 자신의 '몫에 대한 망각'이 있었다. 이 '시작', 권위, 또는 지배권을 강조하는 문헌인 성서는 다음과 같이 말한다.

> 시작에(엔 아르케) 로고스가 있었다. (Ἐν ἀρχῇ ἦν ὁ λόγος.)
> ──「요한복음」(1장 1절)에서

> 시작에(엔 아르케) 신이 만들었다. (Ἐν ἀρχῇ ἐποίησεν ὁ θεὸς.)
> ──「창세기」(1장 1절)에서

세계의 시작을 말하는 성서는 우리에게 살필 몫으로 '로고스'와 '신'을 제시한다. 꼭 성서의 말이 아니라도, 우리는 무엇인가를 시작할 때 자신의 몫을 살펴야 한다. 이렇게 자신의 몫을 기억하는 시작이 아름답다.

명언 중에 "시작이 모든 일의 반이다."라고 전해지고 있지. 그래서 우리 모두는 아름답게(좋음을 갖고, καλῶς) 시작하는 것을 언제나 칭찬한다네. 하지만 내 생각에, 시작은 반 이상이고, 아무도 아름답게(좋음을 갖고) 시작됐다고 충분하게 찬사를 보내지 못했다네.

—— 플라톤, 『법률』(753e)에서

세상의 시작은 충분히 아름답다. 즉 세상은 충분히 좋게 시작되었다. 불찰이 있었던 것이 아니라 로고스가, 신이 있었기에 시작이 있었다. 이것이 퓌타고라스가 생각하는 세상이었고, 플라톤이 생각하는 세계였다. 우리 인생의 시작 또한 그렇다. 뭔가 착오가 있었던 것이 아니라 거기에 로고스가, 신성함이 있었다. 지금도 탄생하고 있는 영아들의 그 경이로움을 떠올려 보자. 우리 모두는 그렇게 시작되었다. 우리의 삶 또한 충분히 좋게 시작되었기에, 자신의 몫을 염두에 놓는 시작이 필요하다.

「시네마 천국」의 호위 병사

롤랑 바르트의 '선비와 기녀 이야기'로 돌아가자. 이유가 무엇일까? 하룻밤만 더 기다리면 사랑이 시작될 텐데, 선비는 그 자리를 떠났다. 왜 그랬을까? 아리스토텔레스의 교훈으로 보자면, 아흔아홉 밤 선비는 '자신의 몫'을 생각했을 것이다. 그녀와 사랑을 시작할 때 불찰이 있는지 살폈을 것이다.

그렇다면 기녀는 왜 이 선비의 사랑을 아흔아홉 날 동안 유예시켰던 것일까? 선비를 사랑하려면 겪어 내야 할 '자신의 몫'을 생각

"시칠리아로 가서 영화를 배워라." 알프레도, 이제는 늙고 장님이 되었기에 자신에게 토토는 더욱 간절했지만 그는 토토에게 인생의 몫을 선사한다.

하기 위함일 것이다. 이대로 시작할 수도 있는 '나는 네가 되고 너는 내가 되는 불붙는 사랑'은 황홀할지 몰라도 그 사랑은 불찰이었을 것이다. 시작에 있는 불씨만 한 불찰은 곧 이어질 전 생애의 불화와 맞먹기 때문에 아흔아홉 날의 살핌이 필요하다.

이 '아흔아홉 날의 살핌'은 영화 「시네마 천국」에서도 중요한 모티프가 된다. 첫사랑의 상처로 일어서지 못하는 토토에게 이제는 늙어 몸도 제대로 가누지 못하는 장님 알프레도가 위로하는 말로 「호위 병사와 공주」 이야기를 들려준다. 롤랑 바르트의 '선비와 기녀'가 알프레도의 '병사와 공주'로 배역만 바뀌고 나머지 줄거리는 동일하다.

"마지막 밤에요?"

"그래, 마지막 밤에. 이유는 나도 모르니 묻지 마라. 네가 이유를 알게 되면 가르쳐 주렴."

이 말을 건네고 알프레도는 토토에게 새로운 시작을 선언한다. "시칠리아로 가서 영화를 배워라." 알프레도, 이제는 늙고 장님이 되었기에 자신에게 토토는 더욱 간절했지만 그는 토토에게 인생의 몫을 선사한다. 알프레도는 자신이 어릴 때부터 그토록 사랑했던, 지금은 사랑의 불찰로 일어서지 못하는 토토를 그 옛날 "시작이 반이다."의 연애담을 지닌 쉬라쿠사가 있는 시칠리아로 보낸다. 그런데 떠나는 자들은 선비가 되었든 병사가 되었든 자신이 아흔아홉 날 동안 기다리며 앉아 있던 의자를 갖고 그 자리를 떠난다. 사랑의 결실이 맺어지지는 못했지만 그 사랑의 시작을 살폈던 흔적은 영원히 남을 것이다.

영화 『시네마 천국』에서도 알프레도가 죽으면서 토토에게 남긴 흔적이 있었다. 시칠리아로 가서 유명한 영화감독이 된 토토는 알프레도의 장례식이 되어서야 어릴 적 마을로 돌아온다. 그때 알프레도의 미망인이 토토에게 필름이 가득 든 통을 건넨다. 토토가 어린 시절, 검열관이던 성당 신부가 잘라 낸 키스 장면이 가득 담긴 필름들이었다.

사람은 갔지만 그 사람의 흔적은 영원했다. 병사는 공주를 너무 사랑했다. 하지만 그 사랑을 바로 시작한다면 불찰이 될 것이다. 알프레도도 토토를 너무 사랑했다. 그래서 토토를 떠나 보내고 그가 인생의 몫을 찾도록 해 준다. 알프레도는 사람의 몫을 배려하되 자기 사랑의 흔적을 죽어서도 토토에게 남겼다.

내가 지금 시작하려는 사랑, 내가 시작하려는 일에 나의 '몫'은 건재한가? 지난날 상처의 이유를 곱씹어 보자. 선비와 병사는 자신의 몫을 아흔아홉 날 동안 생각했을 것이고, 그 몫을 어겼을 때 생기게 될 상처를 생각했다. 자신의 몫을 알고 시작하자. 상대를 놓아 두자. 떠나가자, 떠나 보내자. 하지만 헤어짐은 결코 헛되지 않다. 그 사이에도 사랑은 남아 새로운 시작을 아름답게 할 테니까. 이제 새롭게 시작하자. 시작이 반이다. 시작에 로고스가 있었다.

7 인생은 짧고
예술은 길다

**카프카의
프로메테우스처럼**

프로메테우스가 전해 준 테크네

프로메테우스는 신들에게서 훔쳐다 몰래 인간에게 불을 가져다준 대가로 매번 독수리에게 자신의 간이 쪼이는 형벌을 받는다. 하늘에 떠 있기만 하던 불을 눈앞에서 느낀 인간은 드디어 그 불을 사용하게 되었고, 그때 비로소 인간에게 문명이 가능해졌다. 이때 프로메테우스가 불을 통해 인간에게 전해 준 것이 희랍어로 '테크네'라 전해진다. 이 단어는 이후 라틴어 '아르스(ars)'로 옮겨졌다가 19세기 후반에 이르러서는 영어에서 보듯 '아트(art)'와 '테크닉(technique)'으로 정착된다.

서양 의학의 아버지 히포크라테스(BC 460-377)가 『잠언집』 1장에서 말한 "인생은 짧고 예술은 길다."에서 예술이 바로 이 희랍어

'테크네'다. 원래 예술과 기술이라는 두 가지 의미를 모두 갖고 있던 테크네를 우리는 이 명언에서 아예 '예술'이라 부른다. 히포크라테스의 직업이 의사였는데, 그의 치료 행위를 오늘날에도 예술이라 부를 수 있을까? '성형 예술'이라 애써 불러 보지만, 의술을 예술로 보는 것은 왠지 섬뜩하다. 적어도 성형에 대해선 그렇다.

예술을 내포한 기술, 기술을 내포한 예술

이 명언이 기록될 당시만 해도 예술은 기술과 불가분의 관계였다. 그렇다면 여기서 의문 하나. 히포크라테스는 예술을 내포한 기술 또는 기술을 내포한 예술, 그러니까 '테크네'를 도대체 무슨 이유로 길다고 한 것일까? 더구나 그는 109세까지 장수한 것으로 알려졌는데, 지금으로 쳐도 짧지 않은 생을 산 그가 "인생은 짧다."고 한 것은 인생과 대조되는 그만의 예술관이 분명히 있기 때문이다.

이 말의 정확한 의미를 살피기 위해 히포크라테스의 『잠언집』 1장 전문을 보자.

인생은 짧고 예술은 길다. 그때는 촉박하고, 그 촉박한 때는 실수하기 쉬우며, 그 결단은 험난하다. 하지만 필연을 행하는 것은(τὰ δέοντα ποιεῦντα) 자신을 위해서뿐만 아니라 환자, 간호인, 외부적인 것을 위해서도 갖춰져야만 한다.

위 인용문에서 짧은 시간과 관련하여 나타나는 '촉박', '실수', '결단'이라는 단어는 인생을 지시한다. 그렇다면 예술(기술)을 지시하는 것은 "필연을 행하는 것은" 이하의 구절이다. 예술에 해당하는 이 구절을 능동형으로 바꾸면 '갖춰야만 한다.'라는 '당위'가 된다.

자, 이제 군더더기가 떨어지면서 히포크라테스가 말하는 예술의 정체가 수면 위로 떠올랐다. "필연이 당위가 되는 것." 이 명언의 맥락을 요약하자면 이렇다. 인생은 짧고 예술은 길다. 인생은 촉박하더라도, 예술(기술)의 시간에 필연은 당위가 된다.

물리법칙 vs 도덕법칙

필연과 당위를 좀 더 쉽게 이해하기 위해 필연을 물리법칙으로, 당위를 도덕법칙으로 보자. 하등동물에게 물리법칙과 도덕법칙은 하등 차이가 없다. 하지만 인간에게 이 둘은 틈새가 크게 벌어진다. 희랍어로 '틈새'는 '카오스'를 말하니까, 그 틈새는 곧 혼돈이다. 조르조 아감벤 식으로 말한다면 '예외 상태'가 발생한다. 예술은 예외 상태와도 같이 이 혼돈으로 가득한 우리에게 필연과 당위의 간극을 메우도록 촉구한다. 인간은 예술을 통해 물리법칙과 도덕법칙의 틈새를 메우고 현세의 유한한 시간을 영원으로 확대한다. 많은 경우 필연과 당위의 모호한 상태를 예외라는 변명으로 자신의 행위를 정당화할 때 그 행위는 폭력이 된다. 예술만이라도, 기술만이라도

프로메테우스가 불을 통해 인간에게 전해 준 것이 '테크네'다.
이 단어는 이후 라틴어 '아르스(ars)'로 옮겨졌다가,
19세기 후반에 '아트(art)'와 '테크닉(technique)'으로 정착된다.

예외 상태가 없어야 한다. 그때 비로소 물리법칙과 도덕법칙은 하나가 되고, 혼돈의 세계는 질서를 잡는다.

예술을 통해 자연이 도덕이 되는 바로 이 지점에서 알타미라 동굴에서 우리 조상들이 그랬던 것처럼 예술은 종교까지 아우른다. 하지만 이후 고대인들의 예술은 불안하다. 물리법칙을 알지 못했던 고대인들은 재해라는 자연현상을 신과 관련한 이야기로 풀어냈기 때문이다. 이런 예외 상태 속에서 인류는 필연과 당위의 틈새를 좁히기보다 벼락과 번개를 '제우스의 진노'로 받아들였다. 우리는 예외 상태에 직면하여 얼마나 그럴싸한 변명을 들으며 그 알량한 '당위'를 겪었는가. 필연이라면 몰라도 이제 그런 예외 상태에 따른 변명에 속을 사람은 아무도 없다.

우연이 아닌 필연으로

히포크라테스는 의술을 펼치면서 이해하기 힘든 현상 속에서 발생되는 질병을 자주 관찰했다. 하지만 당시 '신성병'이라 불리는 간질에 대해서도 그는 신의 행위(튀케, 우연)가 아닌, 물리법칙에 따른 설명을 하려 시도한다.

『희랍 명구선(The Greek Anthology)』에 담겨 있는 히포크라테스의 묘비에는 다음과 같은 말이 새겨져 있다.

아폴론의 불사의 후손으로 코스 섬에서 태어나 건강의 여신의 무구로 질병을 이겨 내고 우연(튀케)이 아닌 예술(테크네)로 명예를 얻은 테살리아의 히포크라테스, 여기 잠들다.

──『희랍 명구선』(7.135, Loeb II, 76-78쪽)에서

이 묘비에서 예술은 신의 행위, 즉 우연과 대조되는 개념이다. 그러니까 예술은 자연의 물리법칙을 밝혀내는 것에서 시작한다. 히포크라테스에게 예술이란 질병을 물리법칙으로 살피는 것인데, 질병을 우연으로 여기지 않았기에 주술이 아니라 체계와 절차에 따라 치료했다. 이것이 곧 예술이자 기술이다.

질병은 물리법칙을 알아야 확실한 방법으로 치료할 수 있고, 그래야만 그 치료는 동일하게 반복될 수 있다. 하지만 우연에 의한 치료는 반복이 불가능하다. 이 우연에 대한 평생의 거부가 히포크라테스가 앞서 이야기한 물리법칙인 필연을 당위로 만드는 예술이었다. 히포크라테스는 그것만이 장구한 세월을 버티게 한다고 믿은 것이다.

예를 들어 '멜랑콜리'라는 증세를 보자. '멜랑콜리'의 뿌리가 되는 희랍어 '멜라스'는 '검은'이고 '콜레'는 '담즙'을 의미하는데, 여기서 우울증이란 뜻의 '멜랑콜리'란 말이 생겼다. 히포크라테스에 따르면 혈액, 점액, 황담즙, 흑담즙의 네 가지 체액에 따라 사람은 네 가지 유형으로 나뉜다. 그런데 사람의 내부에 있는 체액은 자연법칙인 계절의 변화에 따라 균형이 흐트러지면서 질병이 발생한다. 그는

우울증을 단순히 흑담즙 체액과 자연법칙이 관련된 것으로 이해한다. 결국 히포크라테스는 우울증도 신의 변덕이나 신의 행위에 의해 일어나는 것이 아니라 자연법칙에 따라 바뀌는 체액의 문제로 보았다. 우리의 만성적 우울증도 자연법칙에 따른 것이라면, 거기에 따른 나의 실행의 결단만 대두될 뿐이다.

자신과 타인을 위한 예술

여기 또 하나 중요한 점이 있다. 다시 히포크라테스의 『잠언집』 1장 후반부를 보자.

> 필연을 실행하는 것은(τὰ δέοντα ποιεῦντα) 자신을 위해서뿐만 아니라 환자, 간호인, 외부적인 것을 위해서도 갖춰져야만 한다.
>
> ── 히포크라테스, 『잠언집』에서

히포크라테스가 말하는 예술이란 자신뿐만 아니라 타인을 위해서 필연을 당위로 만든다. 그런데 타인을 위한 나의 당위가 예술이 된다는 점은 플라톤에게도 나타난다. 플라톤은 『국가론』(1권 332c)에서 예술이란 "누군가에게 마땅히 주어야 할 것을 주는 것"이라고 설명한다. 플라톤에게서도 예술은 당위의 문제에 맞닿아 있음

그런데도 프로메테우스의 간은 계속 자라나고 있었다.
마치 두 눈을 뽑힌 채 사슬에 묶여 황소처럼 연자 맷돌을 돌리던 삼손에게서
머리카락이 자라는 것을 아무도 모르듯, 우리가 모두 잊어버려도
끊임없이 계속되는 일이 있으니 그것이 곧 자연법칙이다.
그런데 필연 법칙임에도 불구하고, 프로메테우스나 삼손에게
간과 머리카락의 자라남은 기적이자 예외 상태다.

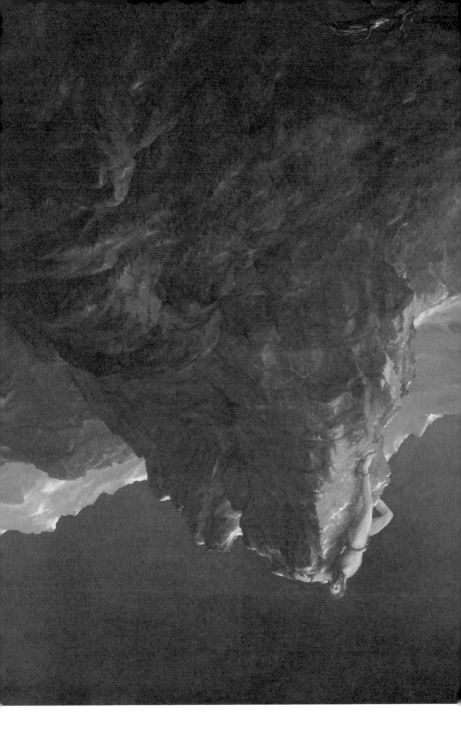

을 알 수 있다.

짧지 않은 생을 산 히포크라테스에게 예술이 길 수밖에 없었던 이유는 촉박한 인간의 시간을 영원까지 확대하여 물리법칙과 도덕법칙을 일치시키려 했기 때문이다. 이와 같은 통찰은 히포크라테스의 작품을 로마 시대에 번역한 세네카(Lucius Annaeus Seneca, BC 4-65)를 통해 재조명되었고, 그의 생애를 훨씬 뛰어넘어 2500년간 지속되었으며, 앞으로도 생명력을 가질 것이다.

카프카의 프로메테우스처럼

서두에 말한 프로메테우스 신화의 또 다른 버전이 있다. 프란츠 카프카가 쓴 단편소설 『프로메테우스』다. 거기서 우리의 영웅은 간이 쪼이는 고통이 심해져서 몸을 뒤로 물러나게 하다가 자신도 모르게 바위 속으로 깊숙이 파고든다. 그리고 제우스도 독수리도 심지어 프로메테우스도 항상 반복되는 일상 속에서 그 사건을 잊었다. 그곳에는 절벽 바위 하나만 덩그러니 남아 있다. 모두가 잊어버리고 관심도 두지 않는다.

그런 와중에 아무도 알아주지 않지만 계속되는 일이 있었다. 프로메테우스의 간은 계속 자라나고 있었던 것이다. 마치 두 눈이 뽑히고 사슬에 묶여 황소처럼 연자 맷돌을 돌리던 삼손에게서 머리카락이 자라는 것을 아무도 모르듯, 우리가 모두 잊어버려도 끊임없이 계속되는 일이 있으니 그것이 곧 자연법칙이다. 그런데 필연 법칙임에도 불구하고 프로메테우스나 삼손에게 간과 머리카락의 자라남은 기적이자 예외 상태다.

불을 훔쳐 온 영웅. 그는 자신의 간이 자라고 있는 필연의 세계에 사는 인간에게 당위와 필연의 틈을 메우라고 예술을 갖다 주었다. 바로 그 점에서 프로메테우스는 우리의 영웅인 것이다. 이것을 히포크라테스는 분명히 알았기에, 그 영웅이 가져다준 테크네를 명언으로 만들었다. 또한 우리 당대의 사람, 카프카도 히포크라테스와 동일하게 영원한 생명 현상이라는 필연을 보았고, 그 필연을 향한 우리의 결단을 촉구하기 위한 문학을 시도했다.

우리의 간은 계속 자라고 있다. 비록 상처 속에서 우리가 망각했다 해도. 이제 우리에게 필요한 것은 그 생명 현상을 깨닫고 자신과 타인을 위한 나의 당위를 찾는 것이다. 그때 예술은, 그리고 기술은 영원할 것이다. 비록 이 일을 위한 결단은 험난할지라도.

필연과 당위의 모호한 상태를
예외라는 변명으로
자신의 행위를 정당화할 때
그 행위는 폭력이 된다.
예술만이라도, 기술만이라도
예외 상태가 없어야 한다.
그때 비로소 물리법칙과
도덕법칙은 하나가 되고,
혼돈의 세계는 질서를 잡는다.

8 인생은 연극이다

타인과 함께하는
'미제리코르디아'

시저는 죽어야 한다

당신은 고개를 들어 오른쪽 위에 쥔 단검을 바라본다. 거친 숨소리와 함께 힘없이 팔을 내린다. 당신 옆에 한 노인이 앉아 있다. "도망가라."는 노인의 권유에 한 손으로 칼을 건네며 당신은 말한다. "나를 죽여 주시오." 영화 「시저(카이사르)는 죽어야 한다」(2012)는 이렇게 시작한다. 잠시나마 당신은 셰익스피어의 연극 「줄리어스 시저」에서 브루투스의 역을 맡은 영화 속 인물이 되었다.

이탈리아 레비비아 감옥의 재소자들에게 교화 프로그램의 하나로 이 연극을 연습시키고 그것을 필름에 담아냈다. 영화와 다큐멘터리, 픽션과 팩트의 경계가 모호한 이 작품에서 가장 특이한 점은 배우들이 재소자 신분을 잊은 채 자신의 배역에 몰입한다는 것이다. 그 몰입은 지난날 사람을 죽였고, 마약을 팔았고, 마피아에 몸담았던, 그리고 이제는 십수 년을 보낸 감방 환경에 철저하게 굳어져버린 재소자들의 심장을 다시 고동치게 했다.

이런 의미에서 "인생은 연극이다."라는 말은 연기하는 배우의 설렘을 떠올린다. 연기하는 배우치고 식어 버린 가슴으로 무대에 오르는 사람은 없다. 그래서 인생이라는 연극은 설렘이다. "인생은 연극이다."라는 말의 연원을 더듬어 보자. 가깝게는 O. 헨리의 단편 『인생은 연극이다』를 떠올리게 되고, 보다 멀리는 셰익스피어의 희곡 『뜻대로 하세요』의 명대사를 외우게 된다.

> "온 세상은 무대고 모든 여자와 남자는 배우일 뿐이다. 그들은 등장했다가 퇴장한다. 어떤 이는 일생 동안 7막에 걸쳐 여러 역을 연기한다."

내 설움의 모습들로 가득한 연극

하지만 이 정도에서 멈추지 말고 더 거슬러 올라가면 에픽테토스(Epictētos, 55-135)에게까지 이르게 된다. 에픽테토스는 로마 시대 노예로서 신체적 고통을 겪는 절름발이였다. 하지만 '황제 철학자'였던 마르쿠스 아우렐리우스(M. Aurelius, 121~180)는 에픽테토스의 글을 좋아했다. 그는 에픽테토스의 저작 『엥케이리디온』을 주석

(33, 10)하면서 에픽테토스가 바로 "인생은 연극이다.(βίος Θεατρικος)" 라고 말했다고 전한다. 이 명언은 인생이라는 연극에서 '배우로서의 인간'을 지시한다는 것을 알 수 있다.

하지만 연극을 배우의 관점이 아닌 다른 차원으로 생각한 사람도 있다. 아우구스티누스(Sanctus Aurelius Augustinus, 354-430)의 『고백록』에서 우리는 그 대단한 광맥을 발견한다. 그는 연극의 3대 요소인 배우, 희곡, 관객 중 관객의 입장에서 연극을 세심하게 살피고 있다. "내 설움의 모습들로, 그리고 나를 불붙게 하는 도화선들로 가득한 연극이 나를 사로잡았습니다."(3권 2장.) 연극에 대한 그의 고백이다.

아우구스티누스에게 연극이란 "내 설움의 모습(imagines miseriarum mearum)"과 "나를 불붙게 하는 도화선"으로 가득한 것이다. 여기서 우리는 그가 왜 연극을 하필 설움(miseria)과 관련시키는지 살펴야 한다. 관객과 관련해서 나타나는 단어가 있다. 아우구스티누스의 『고백록』뿐만 아니라 불가타 성경에서 수없이 등장하는 라틴어 '미제리코르디아'는 그 의미가 상당히 애매한데, 흔히 우리말로 옮기는 '자비' 또는 '긍휼' 역시 모호하다. 그런데 아우구스티누스는 관객의 감정으로 이 단어를 명쾌하게 설명한다. 다음 문장을 보자.

사람은 자신이 슬픈 일을 겪는 것은 원치 않으면서도 비극을 보면서는 슬퍼하길 원합니다, 무엇 때문인가요? 관객은 비극을 통해 슬퍼하길 원하면서 바로 그 슬픔이 자신의 쾌감

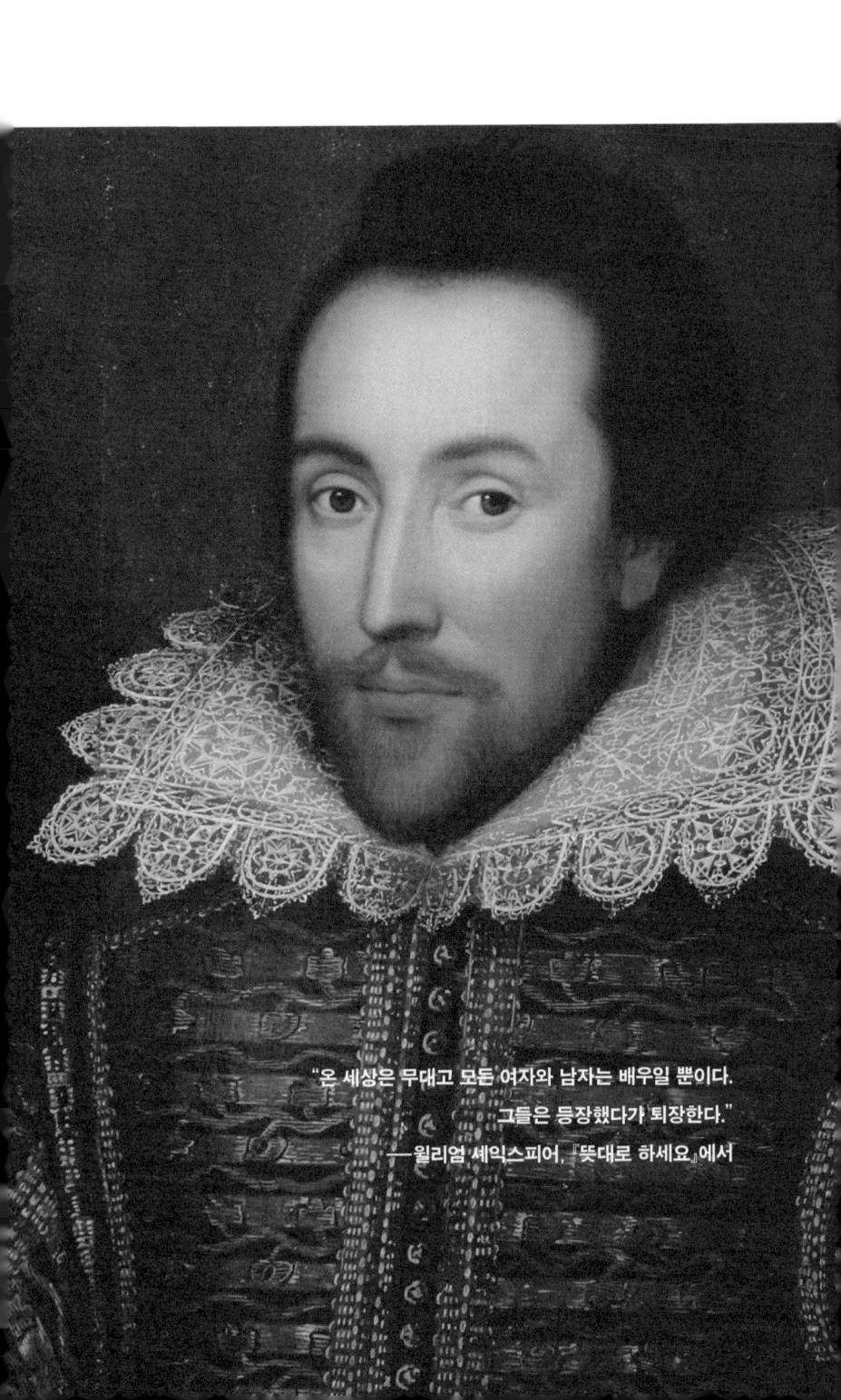

"온 세상은 무대고 모든 여자와 남자는 배우일 뿐이다.
그들은 등장했다가 퇴장한다."
—윌리엄 셰익스피어, 『뜻대로 하세요』에서

이 됩니다. 이것은 서러워하는 광기가 아니고 무엇인지요? 그런 감정에 의해 서러움이 클수록 그 비극은 더욱 감동을 자아냅니다. 그렇지만 혼자 겪게 되는 고통을 '미제리아(miseria)'라 말하고, 타인과 함께 겪게 되는 고통을 '미제리코르디아(misericordia)'라 말합니다.

— 아우구스티누스, 『고백록』에서

아우구스티누스는 고통의 감정을 '혼자 겪을 때'와 '함께 겪을 때'로 구분하여 '미제리아'와 '미제리코르디아'로 구분한다. 우리말로 옮기면 혼자 고통스러울 때 느끼는 감정은 '설움'이 되고, 다른 사람의 설움을 보고 같이 고통스러울 때는 '서럽게 여김' 정도가 될 것이다. 더구나 '미제리코르디아'에서 '-코르디아(cordia)'가 '마음'이란 뜻이고, '서럽게 여김'에서 '여김'이 '마음속으로 인정하거나 생각함'이니, 이 번역어는 제법 그럴싸하다. 부족하다 싶으면 설움은 혼자의 감정이고, 서럽게 여김은 다른 사람을 보고 느끼는 감정이기에 뒷낱말에 '함께'라는 말을 덧붙여도 좋겠다.

그렇다면 흔히 '자비'로 번역되는 미제리코르디아는 연극에서 배우를 보면서 내가 겪는 감정, 즉 '함께 서럽게 여김'이다. 이쯤에서 아우구스티누스가 연극에 사로잡힌 이유를 알겠다. 바로 관객의 입장에서 느끼는 이 '서럽게 여김' 때문이다. 이런 생각은 다음 문장에서도 잘 드러난다. "홀로 서러워하지 않기를 원하면서도 슬픔이 없을 수 없다는 오직 그 이유 때문에, (함께) 서럽게 여기기를 허용한다면 슬픔을 사랑해도 되겠지요?" 즉 슬픔을 '함께 서럽게 여길' 수 있다면 그 슬픔을 받아들일(사랑할) 수 있다는 것이다. 그리고 아우구스티누스는 연극에 끌리는 인간의 감정을 살피면서 '(함께) 서럽게 여김'에 일종의 쾌감이 있다고 말한다. 아리스토텔레스는 『시학』에서 이것을 비극에서 느끼는 '연민'이라 했는데, 거기서 카타르시스, 즉 마음의 정화가 일어난다고 했던 것과 미제리코르디아가 통하는 지점이다.

인생이라는 연극에서 관객의 역할

하지만 아우구스티누스가 여기까지 말했다고 인생이 자동으로 연극이 되는 것은 아니다. "인생은 연극이다."라는 깊은 의미를 알 수 있는 핵심 문장은 이렇다.

> 영혼을 우리보다 더 오래, 더 높이, 더 순수하게 사랑하는 주 하나님, 당신은 상하지 않으면서 서러워하십니다. (……) 멀리 있어도 당신의 한결같은 '서럽게 여기심'은 내 위에서 맴돌고 있습니다.
> ── 아우구스티누스, 『고백록』(3권 3장)에서

아우구스티누스에 따르면, 내가 연극 관람에서 배우를 보고 서럽게 여기듯 신은 나의 연극을 보면서 나를 서럽게 여긴다. 그래서 『고백록』 3권 1장에서는 신을 향한 호칭 자체가 "나의 하나님, 나를 서럽게 여기는 분(deus meus, misericordia mea)"이다. "인생은 연극이다."라고 할 때 아우구스티누스는 인생 극장의 객석에 있는 관객을 떠올렸다. 이 관객은 내 인생의 배역에서 내가 겪게 되는 나의 슬픔을 공감해 주는 존재다. 따스하게 나의 눈물을 지켜보면서 그 자신도 눈물 머금은 눈으로 자신의 고통인 양 함께 서러워한다.

배우들처럼 우리도 인생 무대에서 내 배역에 몰입하여 멋진 연기를 펼치는 것, 그래서 나의 냉랭한 가슴을 뜨겁게 하는 것도 중요할 것이다. 하지만 그보다 더 중요한 것은 내 연기를 보고 같이 웃고 울면서 함께 서러워하는 관객이 있다는 사실이다. 그 관객이 없는 썰렁한 연극 무대는 어떨까? 셰익스피어의 『맥베스』에 다음과 같은 대사가 있다.

인생이란 한낱 걸어 다니는 그림자, 불쌍한 광대들,
무대 위에 서 있을 때는 장한 듯이 떠들어대지만
그다음은 고요. 그것은 바보들의 이야기
소란과 광포(sound and fury)로 가득하지만 아무런 의미도 없
　　는 이야기

— 셰익스피어, 『맥베스』(5막 5장)에서

이 대사처럼 배우의 관점에서 본다면 인생 연극의 결말은 아

서러움이 클수록 그 비극은 더욱 감동을 자아냅니다.

그렇지만 혼자 겪게 되는 고통을 '미제리아(miseria)'라 말하고,

타인과 함께 겪게 되는 고통을 '미제리코르디아(misericordia)'라 말합니다.

— 아우구스티누스, 『고백록』에서

쉽게도 허무함으로 끝난다. 하지만 관객이 있다는 사실에 내 배역에 몰입하여 연기에 혼신의 힘을 쏟는 인생의 배우들은 든든하다. 적어도 나의 관객은 내 설움을 내동댕이치지 않기 때문이다. 자, 관객이 함께 서러워하고 있다.

나의 시저(감옥)는 죽어야 산다

다시 영화 「시저는 죽어야 한다」로 돌아가자. 영화가 끝날 무렵, 연극을 모두 마치고 화려한 조명이 꺼진 뒤에 곧 철문이 닫힌 감방으로 장면이 바뀐다. 화면은 정지된 듯 몇 분 같은 몇 초가 흐른다. 연극이 끝난 배우들은 각자의 감방에 갇혀 있다. 화려했던 무대와는 다른 농담 같은 장소다. 그들 중 40년 동안 교도소 생활에 완전히 적응했던, 하지만 나름 감방이 유쾌하기만 했던 한 재소자가 쓸쓸한 표정으로 어두운 방을 둘러본다.

"예술을 알고 나니, 이 작은 방은 감옥이었군."

무대에서 한바탕 연극을 하면서 자신의 배역에 빠졌던 사람은 연극을 마치고 나서야 자신의 방이 감옥이라는 사실을 인정한다. 40년 동안 늘 사용하던 침대였지만 그 침대가 감방 안에 있었다는 것을 비로소 알게 된 것이다. 철문이 닫힌 작은 방을 일상으로 받아들이던 그 "시저는 죽어야 한다." 그래야 산다.

실제로 이 연극을 선보인 뒤 재소자들은 다시 살아났다. 브루투스를 연기한 사람은 출소 후 배우로 활동 중이고, 시저를 맡았던 사람은 『내 안의 자유(Libero dentro)』라는 책을 썼다. 감방의 시저는 죽어야 산다. 으음, 나의 현주소가 감옥이라는 것을 알 수 있는 연극 배역이라……. 현주소와 배역의 간극을 어떻게 메울 것인가?

연극보다 더 연극 같은 삶

어쩌면 우리는 연극보다 더 연극 같은 삶을 산다. 간혹 가슴 뛰는 사랑을 찾아 그 사랑에 빠지는 인생 연극을 한다. 그리고 불같은 사랑이 식으면 또 다른 사랑 찾기를 반복한다. 한사코 젊은 때나 한다는 사랑 타령이다. 연거푸 그는 그런 사랑에 빠졌다가 또 금세 싫증이 나는가 싶더니, 스스로 자신을 철문 닫힌 침대에 던져 넣는다. 그러고는 나이가 찼다고 핑계를 댄다. 얼굴에는 미소도 간혹 보이지만 더 이상 진심이 아니다. 자신의 설움도 애써 외면하고 함께하는 자들을 서러워할 줄도 모르고 침대에 몸을 뉘일 뿐이다. 이제 당신은 어느덧 같은 대사만 읊조린다. "원래 배역은 이게 아니었어……."

현주소와 배역의 간극, 나의 작은 방을 볼 수 있는 비결은 간단한 데 있다. 자신을 서러워할 줄 알고, 상대를 서러워할 줄 알며,

인생이 연극임을 알고 나니,
나의 작은 배역도 멋진 것 같다.
연극에 서럽게 여김이 있다.
그래서 연극은 도화선이다.
미제리코르디아 메아!

그런 나를 서럽게 여기는 관객이 있다는 연극적인 삶의 자세. 인생이 연극임을 알고 나니 나의 작은 배역도 멋진 것 같다. 이 배우를 보고 연극이 끝날 때까지 숨죽이며 서럽게 여겨 줄 관객이 있으니. 이번 주말에는 서럽게 여길 연극을 한 편 보고 싶다. 그리고 나의 명대사를 고르고 싶다. 인생은 참으로 연극이다, 인생은 그런대로 연극이다, 인생은 그럭저럭 연극이다……. 연극에 설움이 있다. 연극에 서럽게 여김이 있다. 그래서 연극은 도화선이다. 미제리코르디아 메아!

9 개 같은 인생

왕과 거지 모두에게

평등한 세상

디오게네스의 노래

빈 털털이 백수(白手) 광부 한 노인이 노래를 한다. "세상을 너무나 모른다고 / 나보고 그대는 얘기하지 / 조금은 걱정된 눈빛으로 / 조금은 미안한 웃음으로 / 그래 아마 난 세상을 모르나 봐 / 혼자 이렇게 먼 길을 떠났나 봐 / 하지만 후회는 없지 울며 웃던 모든 꿈 / 그건 만인의 세상 / 하지만 후회는 없어 찾아왔던 모든 꿈 / 그건 만인의 세상 / 그건 만인의 세상 / (……) / 그래 아마 난 세상을 모르나 봐 / 혼자 그렇게 그 길에 남았나 봐 / 하지만 후회는 없지 울며 웃던 모든 꿈 / 그건 만인의 세상 / 하지만 후회는 없어 가꿔 왔던 모든 꿈 / 그건 만인의 세상 / 그건 만인의 세상."

'만인의 세상'을 만들기 위해 칠십 평생을 올곧게 살았던 디오게네스(Diogenesof Sinope, BC 412-323)가 자신의 '견유파가악단'을 이끌고 호소력 짙은 파워 보컬을 선보이고 있다. 노랫말을 보니 자신의 주장이 관철되지 않았던 '험한 세월'을 산 듯하다. 허허, 솔직히 말하자면 이 노래는 1985년에 발표된 들국화 1집에 실린 「그것만이 내 세상」이다.

내가 처음 이 노래를 들었을 때는 지금처럼 가사를 쉽게 알 수 있는 시대가 아니었다. 간신히 카세트테이프에 녹음해서 나만 몰래 듣던 시절이라, 난 제목이 있음에도 가사를 잘못 알고 있었다. "그것-만이내-세상"이 "그건 만인의 세상"으로 들렸고, 그 '만인의 세상' 때문에 이 노래가 좋았다. 가사를 이렇게 바꾸면 이 노래는 디오게네스의 노래가 된다.

왕과 거지

여기 두 사람이 만나고 있다. 한 사람은 알렉산드로스(BC 356-323), 약관의 나이에 부왕을 이어 권력을 손에 쥔 상남자다. 또 한 사람은 디오게네스, 거의 일흔에 가까운 늙은 노인인데 길거리에서 통 안에 들어가 사는 거지다. 때는 기원전 336년, 장소는 코린토스. "디오게네스, 한 가지 소원을 말해 보라. 내가 들어주겠네. 돈은 얼마가 들든 상관없지." 알렉산드로스는 제왕다운 통 큰 배려로 노인에게 생색깨나 낸 듯 뿌듯했다. 하지만 디오게네스는 자신을 덮고 있는 청년 왕의 그림자 때문에 으스스 한기를 느낀다.

"그러면 햇빛을 가리지 말고 비켜 주시게." 노인의 대답에 당황한 청년은 화들짝 옆으로 비켜섰고 다급히 그 자리를 떴다. 충복들이 왕의 뒤에서 늙은 노인을 욕하며 조롱한다. 알렉산드로스는 입을 다물라 명하고 말을 이었다. "내가 만일 알렉산드로스가 아니라면 디오게네스가 되고 싶었을 것이다."(디오게네스 라에르티오스, 『희랍철인 열전』 6권 32.)

이 일화는 디오게네스 라에르티오스와 플루타르코스, 키케로 모두에 의해 전해진다. 물론 저자들 나름의 첨삭이 있긴 하지만 그만큼 널리 퍼진 이야기였다. 그리고 13년이 흘러 기이하게도 두 사람은 기원전 323년 같은 해에 알렉산드로스는 서른세 살의 나이로, 디오게네스는 여든세 살의 나이로 죽었다.

디오게네스의 일화에는 알렉산드로스와 나누는 대화가 유독 많다. 그 이유는 무엇일까? 속에만 묻어 두었던 피 맺힌 한이 묘하게 풀리는 어떤 쾌감이 있었던 게 아닐는지……. 그럼 한번 살펴보자. 『희랍 철인 열전』(6권 80)에 따르면, 디오게네스는 『덕에 관하여』, 『선에 관하여』, 『사랑에 관하여』, 『탁발에 관하여』, 『대화록』, 『호메로스 주석』 등 열 권이 넘는 저서를 남겼다. 그런데 현존하는 것은 하나도 없다. 이 같은 이상한 현상은 비단 디오게네스뿐만 아니라 『희랍 철인 열전』에 소개되는 다른 철인들에게도 마찬가지다. 여든 명이 넘는 철인들이 있는데, 다른 책들은 거의 남아 있지 않고 플라

디오게네스는 옷도 제대로 걸치지 않고,
신발도 신지 않았으며, 길거리에서 잠을 자고,
탁발로 살면서도 스스로 만족하는 자족을 누렸던 것.
이것이 바로 '개 같은 인생'의 실체였다.
영어 '시니컬'의 뿌리어이기도 한 희랍어 '키니코스'는
'개(와) 같은'이란 뜻인데, '개(와) 같은 인생'은
왕이나 거지나 만인에게 평등한 세상을 만들자는 것이다.

톤, 아리스토텔레스 위주의 책만 전해지니 말이다. 희랍의 민주정을 무너뜨리고 알렉산드로스로부터 시작된 제국의 역사는 이후 로마 제국을 거쳐 프랑스대혁명에 이르기까지 왕정이나 귀족정이었다. 이 역사 속에 서양식 분서갱유의 슬픈 비밀이 숨어 있을 것만 같다. 하지만 그 와중에도 민심은 디오게네스와 알렉산드로스의 일화를 떠벌리면서 어떤 통쾌한 대리만족을 얻었던 것만은 사실이다.

개 같은 제왕 vs. 왕 같은 거지

알렉산드로스와 디오게네스가 처음 만난 일화가 있다. 누구나 그렇듯 서로를 소개한다.

"나는 대왕(大王) 알렉산드로스다."
"나도 견공(犬公) 디오게네스다."
　　　— 디오게네스 라에르티오스, 『희랍 철인 열전』(6권 60)에서

제왕의 소개는 그렇다손치고 디오게네스의 '나도'라는 말이 좀 특이하다. '-도'에 해당하는 희랍어 '카이'는 영어의 'and, but, still, also'로 번역 가능한데, 여기서는 'also'가 가장 적절하다. 그렇다면 디오게네스의 소개는 '나 또한 개다.' 정도가 된다. 이 말은 왕이라고 소개한 알렉산드로스를 향한 것이니 "너는 개다, 나 또한 개

다."에서 "너는 개다."라는 말만 생략하거나, "나 또한 왕이지만 개다."에서 "왕이지만"을 생략한 말이다. 그렇다면 "너와 나는 동일하게 왕이기도 하고 개이기도 하다."는 의미가 된다.

이 말에 알렉산드로스가 "조금은 걱정된 눈빛으로" 다시 묻는다. "어찌 그렇게 불리는가?" 디오게네스에게 '너와 내'가 모두 개(와) 같은 이유는 자신의 득실에 따라 아부, 불평, 공격을 하기 때문이다. "받으면 꼬리 흔들고(아부하고), 못 받으면 짖고(불평하고), 싫으면 이빨을 드러내지.(공격한다.)"(『희랍 철인 열전』 6권 60.) 그러자 알렉산드로스는 "조금은 미안한 웃음"을 짓는다. 개(와) 같은 득실에 따른 행동은 제왕이나 거지, 심지어 개에게도 차이 없이 나타난다. 디오게네스는 좀 과격한 '만인 평등'을 말하고 있는 것이다.

이런 객기(客氣)는 단지 그가 고향 시노페(터키의 흑해 연안)라는 지역에서 위조 화폐범으로 추방되어 아테네에서 길손의 삶을 살았기 때문만은 아니었다. 『희랍 철인 열전』(6권 60)에 다음과 같은 일화를 보면 생각 없이 이런 말을 하는 것 같지는 않다. "어디서 왔는지 묻자, 그는 '나는 세계시민이다.'라고 말했다."

코즈모폴리턴의 뿌리어인 이 낱말 '세계시민(κοσμοπολίτης)'은 문헌상 여기서 처음으로 등장한다고 한다. 시민권 때문에 출신이 중요한 아테네에서 디오게네스는, 자신은 아테네 사람이 아니라 '만인 세상'의 사람이라고 대답한다. 디오게네스가 시노페로부터 "혼자 이렇게 먼 길을" 떠나 아테네의 한 귀퉁이까지 온 것은 '만인의 세상', 세계시민을 꿈꿨기 때문이다. 그래서 지금 이렇게 사는 것도 후회는 없다. 그에게 찾아왔던 모든 꿈, '그건 만인의 세상'이기 때문이다.

이 같은 생각은 디오게네스가 매일 굴리고 다니던 통 속에서 나왔다. 그는 옷도 제대로 걸치지 않고, 신발도 신지 않았으며, 길거리에서 잠을 자고 탁발로 살면서도 스스로 만족하는 자족(自足)을 누렸다. 이것이 바로 '개 같은 인생(κυνικός βίος)'의 실체였다. 영어 '시니컬(cynical)'의 뿌리어이기도 한 희랍어 '키니코스'는 '개(와) 같은'이란 뜻인데, '개(와) 같은 인생'은 왕이나 거지나 만인에게 평등한 세상을 만들자는 것이다.

"햇빛을 가리지 말고 비켜 주시게."와 동일한 일화를 전하는 키케로의 버전은 몇 글자가 덧붙여졌다. 우선 '더 자유로운(liberius)'이란 말을 디오게네스에게 첨가한다. 그리고 다음의 문장이 이어진다. 단 키케로는 여기서 페르시아의 왕을 얘기하지만, 그를 왕의 권좌에 있는 왕들의 대표로 이해한다면 알렉산드로스도 여기에 해당된다.

> 그(디오게네스)는 주장하곤 했다. 자신의 삶과 운명이 왕보다 얼마나 더 나은지. 자신은 필요한 것이 없지만, 그 왕은 만족한 것이 없을 것이라고. 자신은 그 왕의 쾌락이 부럽지 않다고. 그 왕은 그 쾌락으로 결코 만족을 얻을 수 없지만, 그 왕은 자신(디오게네스)의 쾌락을 결코 얻을 수 없다고.
>
> ── 키케로, 『투스쿨룸의 대화』(5권 92)에서

"받으면 꼬리 흔들고(아부하고),
못 받으면 짖고(불평하고),
싫으면 이빨을 드러내지.(공격한다.)"
'너(왕)'와 '내(거지)'가 모두 개(와) 같은 이유는,
자신의 득실에 따라 아부, 불평,
공격을 하기 때문이다.

위 글에서 왕은 만족이 없고 디오게네스는 만족이 있다. 지금 이 순간 자신을 비추고 있는 햇빛이면 만족한다는 디오게네스의 말에서 부의 가치보다는 자연의 영원한 가치를 추구하는 인생관을 엿볼 수 있다. 그렇기에 그는 진정한 '자유인'이었다. 이 점에서 자유란 소유와는 또 다른 차원의 것임을 알게 된다. 디오게네스는 금욕 생활을 시작했고, 일흔의 나이에 비쩍 말라 살갗은 뼈에 바싹 달라붙었으며, 햇빛과 먼지바람으로 긁힌 듯 만신창이가 되어 있었다. 하지만 그는 더 자유로웠다. 그의 옆에는 가끔 도시를 돌아다닐 때 사용하는 단장(短杖)과 사람들이 가져다준 음식을 넣어 두는 봉지만 있을 뿐이다.

알렉산드로스의 노래

디오게네스의 일화를 읽으면서 나는 이상하게 다음의 시가 떠올랐다. 이 시에서 알렉산드로스는 내가 되고, 디오게네스는 늙은 노인이 된다.

그는 쉽게 들켜 버린다
무슨 딱딱한 덩어리처럼
달아날 수 없는,
공원 등나무 그늘 속에 웅크린

그는 앉아 있다
최소한의 움직임만을 허용하는 자세로
나의 얼굴, 벌어진 어깨, 탄탄한 근육을 조용히 핥는
그의 탐욕스런 눈빛

나는 혐오한다, 그의 짧은 바지와
침이 흘러내리는 입과
그것을 눈치채지 못하는
허옇게 센 그의 정신과

내가 아직 한 번도 가 본 적 없다는 이유 하나로
나는 그의 세계에 침을 뱉고
그가 이미 추방되어 버린 곳이라는 이유 하나로
나는 나의 세계를 보호하며
단 한 걸음도
그의 틈입을 용서할 수 없다

갑자기 나는 그를 쳐다본다, 같은 순간 그는 간신히
등나무 아래로 시선을 떨어뜨린다
손으로는 쉴 새 없이 단장을 만지작거리며
여전히 입을 벌린 채
무엇인가 할 말이 있다는 듯이, 그의 육체 속에

유일하게 남아 있는 그 무엇이 거추장스럽다는 듯이

　　　　　　　　　　　　　　　　　─기형도, 「늙은 사람」에서

　　디오게네스는 정신과 신체의 단련을 통해 덕을 터득하길 원했다. 헐벗음으로 추위와 더위에 살갗을 길들이고, 굶주림으로 혀를 단련하여 욕망에서 해방되길 원했다. 2연에서, 요가 하듯 앉아 있는 그의 신체에서 뿜어져 나오는 "그의 탐욕스런 눈빛"은 욕망의 눈빛이 아니라, 이미 최고 자족의 경지에 다다른 '쾌감의 눈빛'으로 읽어 두자. 자, 우리에게는 어떤 눈빛이 있는가? 나는 만족하는가, 나는 자유로운가? 이것은 내가 얼마만큼 내려놓을 수 있는가에 달렸다.

　　마지막 연에서, 단장만 만지작거리는, 그러면서도 만인의 세상을 전하려는 그 벅찬 행복은 바깥에서 주어지는 것이 아니라 내 안에 있다는, 하지만 '거추장스런' 뭔가가 내 육체 속에 있기에 단련해야만 한다는 그 말을 디오게네스는 하고 싶어 한다. 바로 이런 자신의 삶이 '개 같은 인생'이라고.

　　나도 한마디 한다. 어느 공원, 길거리, 지하철에서 만난 당신을 다시 쳐다보겠다고. 소외된 이들, 우리의 디오게네스들, 그동안은 정말 미안했다고. 개 같은 인생, 그건 만인의 세상이라고.

10 세상은
아름답다

아름다움은 세상의
어울림에서 온다

퓌타고라스 비밀 결사대

"살아가되 얼렁뚱땅 말고 꼭 이렇게 살렷다. '신비'와 '수학'을 신조 삼아 비밀 결사 만들어서 올림포스 신령님들 쫓아내고, 오르페우스를 섬기면서 바깥세상 어찌 됐든 음악으로 정화하여 우리 세상 살고지고." 「퓌타고라스 비밀 결사대」의 1막 첫 줄이다.

이것은 현존하는 작품이 아니라 내게 조금만 글재주가 있었더라도 썼을 법한 가상 대본이다. 물론 각색이 좀 들어갔다. 퓌타고라스(BC 580-500)가 직접 쓴 저작은 없고, 입으로 전해지는 그의 가르침 또한 조각 글로만 남았으니 그 몇 안 되는 말들로 과하다 싶게 얼개를 짰다 해서 흠 잡힐 일은 아닐 듯싶다. (여기에 퓌타고라스의 생애를 쓴 이암블리코스나 포르퓌리오스도 한몫 거들었다.)

퀴타고라스는 주민의 반대로 지역사회(크로톤)에서 쫓겨났지만 이후 150년 동안 그의 교설은 여타의 공동체를 형성하면서 굳게 지켜졌다. 이에 반해 그 사상에 대한 기록은 초라하다 못해 식상하다. 그 빤한 말은 이렇다. "세상은 수다." "수는 아름답다." 그런데도 우리는 '퀴타고라스 정리'와 음향학 이론을 통해 그의 지대한 영향력 아래 숨 쉬고 있다. 이것만 봐도 퀴타고라스의 이론은 변죽만 울리는 사상이라기보다는 우주적 원리인 듯하다.

퀴타고라스 사상의 첫 출발은 그의 나이 마흔, 사모스 섬에서 폭군 폴뤼크라테스에게 쫓겨나 빈털터리로 크로톤에 와서 세상을 원망할 즈음 무심코 지나쳤던 대장간 앞, 그를 숨죽이게 만들었던 너무나 황홀한 망치 소리가 그의 귓가를 울릴 때였다. 그 울림은 그의 뼈마디와 세포, 핏줄을 타고 흐르며 온몸을 전율케 하고 세상이 아름답다고 일괄할 수밖에 없는 천지개벽의 체험이었다.

아름다움은 어디서 오는가

그렇다면 퀴타고라스가 발견한 아름다움이 왜 소리의 울림에서 오는 것인지 다음의 조각 글들을 보자.

그러므로 '수적인 것이 아름답다.(ὑγιές τό ἀριθμῷ)' 이것은 만물이 분리되어 구성하는 원리인 수들로 존재한다는 것과 같다.

── 섹스투스 엠피리쿠스, 『학자들에 관하여(Adversus Mathematicos)』(7권 106)에서

플라톤 및 심지어 그 이전의 퓌타고라스 사람들도 철학을 음악이라고 불렀고 세상(코스모스)이 어울림(ἁρμονία)으로 구성되었다고 말한다.

── (Strabo X 3, 10)

첫 번째 인용문에서, 수는 아름답다. 만물, 즉 세상은 수들로 존재한다. 그러므로 수들로 존재하는 세상은 아름답다가 된다. 두 번째 인용문에서, 세상은 어울림으로 구성되어 있다. 두 인용문을 종합하면 어울림으로 구성된 세상은 아름답다. 그러니까 아름다움은 세상의 어울림에서 온다는 것을 알 수 있다. 그래서 "피타고라스 사람들은 육체를 정화하기 위해서는 의술을, 영혼을 정화하기 위해서는 음악을 사용"(Cramer, Anecd. Par.I 172)했던 것이다.

청각의 어울림과 시각적 비례

그런데 과연 세상을 보고 음악이 주는 어울림을 우리는 느낄 수 있는가? 세상을 보는 것은 시각에 속하는데, 청각에 속하는 어

퓌타고라스에 따르면, 어울림으로 구성된 세상은 아름답다.

그러니까 아름다움은 세상의 어울림에서 온다는 것을 알 수 있다.

울림으로 세상을 보는 게 가능하냐는 말이다. 그래서 질문을 더 근사하게 해 보자. 청각에서의 어울림이란 시각에서의 무엇이란 말인가? 울림수, 즉 진동수가 맞아야 어울림이 일어나듯, 시각에 해당되는 울림수(진동수, 파동)는 과연 무엇일까? 퓌타고라스에 관하여 전하는 다음의 조각 글에 그 실마리가 있다.

> 질서와 비례(συμμετρία)는 아름답고 유용하나, 무질서하고 비례가 없는 것은 추하고 쓸모가 없다.
>
> —— (Stobaeus IV 1, 40 H.; frg. D 4, Diels)

여기서 아름다운 것으로 질서와 비례가 등장한다. 그렇다면 추측컨대 음악의 어울림이 현의 길이에 따른 비율이듯, 시각의 비례 관계, 일종의 황금비 같은 것이 아름다움을 느끼게 한다. 청각에서는 어울림 '하르모니아'가 아름다움을 체험케 한다면, 시각에서는 비례 '쉼메트리아'가 아름다움을 감상케 한다. 그래서 시각적 비례 개념인 쉼메트리아가 비트루비우스의 건축 이론에서 중요성을 띠게 된 것이다.

오르페우스교와 음악

퓌타고라스가 경탄해 마지않는 음악의 신비는 그의 종교를 오르페우스교로 개종케 한다. 오르페우스는 뤼라의 명수로 그가 현의 노래를 부를 때는 동물, 식물, 하늘의 별들도 하나로 어울릴 수 있었다고 한다. 퓌타고라스는 오르페우스 신을 섬기는 공동체를 만들고, 기존의 올륌포스 열두 신을 섬기는 종교에 작별을 고했다. 한마디로 그들의 비밀 결사대는 올륌포스 산 위의 사제직에 대한 도전이자 개혁이었다. 생명의 불구덩이로의 회귀였으며 본질 회복이었던 것이다.

당시 올륌포스 종교는 사람이 죽으면 하데스에 내려간다는 교설로 이미 경직되어 인간 심성에 있는 하강과 상승의 약동하는 신비를 쫓아내 버린 상태였다. 하지만 사람들에게 목격되는 세상은 순환으로 가득했다. 천체와 계절의 변화, 생명에 이르기까지. 그 틈새를 디오뉘소스 종교가 메우는가 싶었지만, 그 축제에서 흥분을 일으키는 광분의 몸놀림은 퓌타고라스 사람들의 영혼에 안식을 주기엔 거부감이 있었다.

결국 생명과 천체, 우주의 순환 속에서 수의 세계가 열렸다. 오로지 수를 통한 어울림과 비례의 아름다움에 몰입하면서 그 세계는 그들에게 경이롭기 그지없었다. 그러면서 아름다움을 사물들의 수(비율과 비례)에 따른 객관적인 특징으로 생각하게 되었고, 그 수의 관계가 영원하다 여겼으며, 어떤 부분들이 아름다움을 만들어 내는 것은 우주의 어울림과 동일한 수이기 때문이라 여겼다. 그 동일한 울림이 음악을 통해 우리 영혼을 울릴 때 그 영혼은 치유된다. 위의 조각 글의 말마따나 영혼은 수로 정화(카타르시스)되었던 것이다.

망치 소리를 들으며

나의 5학년 시절은 어머니께서 치던 피아노의 미(E) 음이 이상해서 나중에는 그 소리를 들으면 위까지 말썽을 부리던 때였다. 참다 못해 하루는 무심코 피아노 윗뚜껑과 상판을 들어냈다. 문제의 건반을 치면 분명 한 건반인데, 그 건반을 타고 작은 망치가 하나의 현이 아니라 세 개의 현을 두드리고 있었다. 한 번의 망치질에 세 개의 현이 울려서 한 음을 내는 구조인 것이다. 그런데 문제의 미(E) 음은 세 현의 진동수가 각기 다른 상태라 거북한 소리가 났다. 그래서 종일 펜치로 용감하게 이 세 개의 현들을 조이거나 풀어 주었다. 완전 돌팔이가 무식하게 조율에 손을 댄 꼴이었다. 세 개의 현이 각각 같은 장력이 돼야 같은 음이 나는데, 그때는 아무리 해도 맞출 수가 없었다.

하지만 그 속에서 작은 우주가 열렸다. 그 미세한 차이의 현들에서 나는 울림이 주기적으로 강하게 났다 약하게 났다를 반복하는데, 나는 귀에 거슬리면서도 미묘한 것이 머리를 맑게 하는 황홀함을 느꼈다. 그 현상을 '맥놀이'라 한다는 것을 이후 물리학 공부를 하면서 알게 됐다.

가끔 나는 그 별천지 같은 맥놀이를 느끼려 피아노 상판을 자주 들어냈고, 변성도 되지 않은 아이가 합창단을 애써 쫓아다니던 이유가 됐다. 그 맥놀이의 여운은 말 그대로 하늘이 열리는 경험이었다. 이것이 바로 하모니라고, 화성이라고 하는 어울림이다. 퓌타고

청각에서는 어울림 '하르모니아'가 아름다움을 체험케 한다면
시각에서는 비례 '쉼메트리아'가 아름다움을 감상케 한다.

라스학파는 이미 2500년 전에 천상의 세계, 하늘이 열리는 느낌을 알아냈던 것이다.

얼마나 아름다운 세상인가

음악을 통해 세상을 아름답다 고백한 또 한 사람을 소개하련다. 미국의 남북전쟁 이후 노예해방은 됐지만 여전히 흑인에 대한 차별이 심한 시절이었다. 그의 아버지는 공장 노동자였고 가정 경제에 전혀 도움이 되지 않았다. 부모의 이혼 후 그는 어머니와 함께 살아갔는데, 어머니는 간혹 몸을 팔면서 가정을 꾸려 나갔다. 그는 일곱 살 때부터 거리에 나가 신문을 팔기 시작했고, 식당 심부름, 석탄 배달 등 가리지 않고 돈을 벌어야 했다. 버려진 음식물 쓰레기통을 뒤져 괜찮은 물건을 내다 팔았다.

엎친 데 덮친 격, 그는 열두 살이 되던 해 새해 첫날 흥분에 취해 축포를 쏘다가 체포되어 감옥에 끌려간다. 그리고 인생 막장과도 같은 그 감옥에서 입이 부르트도록 트럼펫을 배우게 된다. 하지만 출소 이후에도 그의 생활은 별로 나아진 게 없었다. 낮에는 먹고 살기 위해 배달 같은 각종 일을 했고, 밤에는 코넷이라는 트럼펫을 부르며 간간이 레스토랑 아르바이트로 연주를 했다. 이런 가난하고 어두운 삶을 산 흑인의 마지막 노래가 있었다. "What a wonderful world!" "이 얼마나 아름다운 세상인가!" 이 사람이 바로 루이 암스트롱이다. 그를 떠올리면 밝고 쾌활한 모습이 먼저 생각난다.

I see trees of green red roses too

난 푸른 나무들과 붉은 장미를 바라보아요

I see them bloom for me and you

나와 당신을 위해 장미가 꽃을 피우는 걸 바라보죠

And I think to myself

그리고 나 혼자 생각해요

what a wonderful world.

이 얼마나 아름다운 세상인가를

I see skies of blue and clouds of white

난 파란 하늘과 하얀 구름을 바라보아요

The bright blessed day,

축복을 받은 밝은 낮

the dark sacred night

그리고 신성한 까만 밤

And I think to myself

그리고 나 혼자 생각해요

what a wonderful world.

이 얼마나 아름다운 세상인가를

The colors of the rainbow so pretty in the sky

하늘에 떠 있는 무지개 일곱 색깔은 너무나 아름다워요

세상은 아름답다

Are also on the faces of people going by

지나가는 사람들의 얼굴도 또한 예뻐요

I see friends shaking hands saying how do you do

난 친구들이 악수를 하며 인사하는 걸 바라보아요

They're really saying I love you.

그들은 정말로 당신을 사랑한다고 말하고 있어요

I hear babies cry,

난 갓난 아기의 울음을 들어요

I watch them grow

그들이 자라나는 걸 바라보죠

They'll learn much more

그들은 내가 알지 못하는

than I'll never know

아주 많은 것들을 배울 거예요

And I think to myself

그리고 난 혼자 생각해요

what a wonderful world Yes I think to myself

이 얼마나 아름다운 세상인가를 난 혼자 생각해요

what a wonderful world

이 얼마나 아름다운 세상인가를

이 노래는 암스트롱이 세상을 얼마나 밝게 보았는지 알 수 있

what a wonderful world!
이 노래는 암스트롱이 세상을 얼마나 밝게 보았는지 알 수 있게 한다.
자신의 아픔을 감내하며 항상 밝은 자세로 하루하루 살아왔다는
것만으로도 그는 한 인간으로서 마땅히 존경받을 만하다.

게 한다. 자신의 아픔을 감내하며 항상 밝은 자세로 하루하루 살아왔다는 것만으로도 그는 한 인간으로서 마땅히 존경받을 만하다. 막장과도 같은 삶에서 그가 세상을 아름답다고 한 이유는 그도 세상 속에서 어울림의 신비를 발견했기 때문이다.

그 수는 퓌타고라스가 대장간 앞 망치 소리에서 찾은 수였다. 우리도 그것을 알기까지 얼마만큼의 망치 소리를 들어야 하는 것일까? 아니, 오랫동안 막아 왔던 우리 귀를 어떻게 세상으로 향해야 하는 것일까? 우리의 탄성이 울려 퍼지는 그날, 세상은 "what a wonderful world!"

3부 ──────── 생각하라

11 나는 생각한다, 고로 존재한다

나는 확신한다,

고로 살아 있다

난롯불 앞의 환영

1619년 추운 겨울밤, 전쟁 중에 있던 한 군수장교가 뜨거운 난롯불 앞에서 환영(幻影)을 보았다. 힘겹게 태어나 죽을 고비를 넘기고 또 허약한 몸 때문에 고생하던 이 청년은 난롯불이 활활 타고 있는 독방에 들어가더니, 거기서 중세 학문의 틀을 깨고 그동안의 끝없는 불안에 종지부를 찍었다. 그는 열여덟 살에 지난 8년간 진리를 추구하면서 배웠던 학교의 이론들을 버렸고, 이십 대 초반에 꼬박 2년을 집에 틀어박혀 연구하다가, 스물세 살이 되어서는 군에 입대하여 어두운 방 난로 앞에서 마침내 학문의 체계를 세운 것이다.

독방 속에 들어가 깨닫고 나온 이 사람이 바로 "나는 생각한다, 고로 존재한다.(Cogito ergo sum.)"라는 명제를 탄생시킨 르네 데카르트(René Descartes, 1596-1650)다. 데카르트의 등장은 근대의 출발선 앞에 선 다른 철학자들에게 신호탄이 되었고, 그의 명제는 근대성을 상징하는 선언이 되었다.

나는 쇼핑한다, 고로 존재한다

데카르트의 명제는 이후 다양한 버전들로 패러디되었다. "나는 쇼핑한다, 고로 존재한다." "나는 욕망한다, 고로 존재한다." "나는 스크린(을 통해서 무엇을)한다, 고로 존재한다." "나는 인증(샷을)한다, 고로 존재한다." 이처럼 '나는 ~한다.'는 다양한 옵션이 가능해지면서 더 이상 꼭 한 가지 행위, 그러니까 생각해야만 자아가 존재한다는 식으로 이해하지는 않게 된다. 데카르트가 "오로지 생각〔思惟〕만이 나에게서 분리될 수 없는 것이다."(『성찰』)라고 말할 때는 생각만이 나의 존재를 확보하는 것으로 이해되었지만, 지금은 오히려 생각 외에도 쇼핑, 욕망, 스크린, 인증 등 여러 행위를 통해 자신의 존재감을 느끼는 것 같다.

이때 쇼핑, 욕망 등은 내가 살아 있음을 확인하는 매개가 된다. 그래서 이 명제에 대한 자연스러운 변이가 생긴다. "나는 쇼핑으로 존재한다." "나는 욕망으로 (살고) 있다." "나는 인증으로 산다." 그러니까 우리는 여러 행위들 중 이러저러한 행위를 통해 존재감을 느낀다는 정도로 이해하지만, 데카르트는 오로지 생각하는 것만이 자아의 존재를 확신하는 방법이라고 말했다. 그래야 그의 학문 체계에 대한 이해에 이를 수 있다.

모든 의심이 낳은 단 한 가지 결과

데카르트는 무엇 때문에 이 명제를 완성했던가? 한마디로 그는 절대 '확신(assurance)'을 추구하고 그것을 토대로 학문의 체계를 세우려 했다. 이 명제가 등장하는 맥락을 보자.

> 그러나 그 직후에 다음과 같은 점에 생각이 미쳤다. 즉 이런 식으로 모든 것을 거짓이라고 생각하려는 동안에도 이렇게 생각하고 있는 나는 필연적으로 무엇이어야 한다는 것을. 그리고 "나는 생각한다, 그러므로 나는 존재한다."라는 이 진리는 회의론자들의 모든 가당치 않은 억측들도 흔들 수 없는 확고하고(ferme) 확신하는(assurée) 것임을 인정하고, 이 진리를 내가 찾던 철학의 제1원리로 망설임 없이 받아들일 수 있다고 판단했다."
> ― 르네 데카르트, 『방법서설』 4부에서

데카르트는 오직 모든 것 중 확신할 수 있는 것이 무엇인지만 찾으려 했다. 그래서 그는 듣고 보고 만지는 등의 모든 것을 다 의심해 보다가, 드디어 '바로 이거야, 이것만은 분명해서 절대 의심할 수 없어.'라고 생각한 것이 떠올랐다. 의심을 하고 있는 자기 자신을 발견한 것이다. 즉 의심이 무르익어서 자신의 존재를 찾은 것이다.

우리도 간혹 이런 경험을 할 때가 있다. 나를 잊고 있다가 기침이라도 하면 그제야 기침하고 있는 나에 대해 생각하게 된다. 어디 손이라도 베이면 그제야 아파하는 그 뭔가가 있다는 것을 알게 된다. 위가 쓰리면, 배가 고프면, 배고픈 줄 아는 그것이 있다는 것을 비로소 알게 된다. 그러고 나면 안도의 한숨을 내쉬며 뭔가 안정이 되고 허리에 힘이 생기면서 잡념도 사라진다. 그 존재를 알고 나서 세상이 달라 보이는 것이다. 어찌 됐든 뭔가를 통해 자신이 있다는 확신을 얻는다. 데카르트에게 이 확신을 향한 몸부림의 종착점, 그러니까 모든 의심의 잡념을 솎아 내고 맑아져서 나온 '한소리'가 바로 "나는 생각한다, 고로 존재한다."인 것이다.

일반적으로 "나는 생각한다."를 이성의 확신으로 해석한다. 하지만 확신을 향한 몸부림은 이성 차원에 국한되지 않는다. 도덕 차원에서도 확신을 향한 몸부림이 있었는데, 이에 대해서는 데카르트가 죽기 1년 전에 출판된 『정념론(Les passions de l'âme)』(1649)에 잘 나타난다. 엘리자베스 왕녀의 질문인 "생각하는 실체(res cogitans)에 불과해야 할 인간의 정신이 의지(意志)에 따른 행위를 하기 위해, 어떻게 해서 신체의 정기(精氣)를 움직일 수가 있는 것입니까? 가르쳐 주시기 바랍니다."에 대한 데카르트의 대답이었다. 『방법서설』이 이성의 확신에 대한 몸부림이었다면 『정념론』은 도덕의 확신에 대한

"나는 생각한다, 고로 존재한다."
데카르트의 등장은 근대의 출발선 앞에 선
다른 철학자들에게 신호탄이 되었고,
그의 명제는 근대성을 상징하는 선언이 되었다.

것으로, 이성이 도덕을 통해 어떻게 육체를 움직이는지에 대한 확신이었다.

정념은 일반적으로 영혼의 동요(perturbatio, 키케로)라 정의할 수 있는데, 데카르트는 정념을 신체와 영혼의 결합 때문에 일어나는 자연스러운 현상으로 간주했다. 정념은 육체의 작용에 의해 생각 속에 생기는 것이었다. 정념은 때때로 이성을 통한 확신을 방해한다. 그래서 사람은 정념에 휩쓸리게 되면 실수하는 것이다. 이런 실수를 막기 위해선 이성을 통해 정념을 통제해야 한다는 결론에 이르게 된다.

데카르트의 신기한 나무

대학생 시절 나는 하이데거의 『형이상학이란 무엇인가』를 읽는 강독 동아리에서 데카르트의 '신기한 나무'에 대한 환영을 읽었다. 너무나 인상적이라 머리에 각인되는 순간이었다. 나중에 그 출처가 원래는 데카르트의 『철학 원리』 프랑스어 판 서문(1647)이라는 것을 알게 되었다. 데카르트는 학문의 체계 전체를 나무에 비유했는데, 나무의 뿌리는 형이상학이고 줄기는 자연학일 때, 가지에 해당하는 것이 기계학, 의학, 도덕이다. 이 나무에서 도덕은 모든 지식의 양분을 모아 이룩되는 '마지막 단계의 지혜'에 해당한다. 학문의 모든 양분을 빨아들인 도덕의 가지는 바른 실천을 열매로 내놓는다.

(하이데거는 이 나무가 뿌리내린 토양을 존재론이라 한다.)

　이렇게 본다면, 데카르트가 스물세 살 때 어두운 방 붉은 난롯불 앞에서 본 환영은 이 나무에 관한 것이며, 그 환영으로 인해 그는 일생 동안 이성의 확신과 도덕의 확신을 향해 집착했을 것이다. "올바른 행위를 위한 올바른 판단(bien juger pour bien faire)"이라는 『방법서설』(1637)의 짤막한 문구가 이 점을 잘 나타내고 있다. 그렇다면 데카르트가 일생 정신과 육체가 분리되었다고 주장하다가 말년에 엘리자베스의 질문을 받고 정신과 육체의 일원론을 주장했다고 보는 것은 바르지 않은 것 같다.

　도덕은 형이상학에서 시작되는 순수 이론학적 탐구의 궁극적인 목적이며, 그 탐구의 성패 여부가 최종적으로 확인되는 장소는 도덕이다. 그때 우리 정념, 그중에서도 욕망의 문제가 중요함을 데카르트는 이미 알고 있었다. 확신할 수 있는 것만을 남기려는 이 철학자의 몸부림으로 중세의 체계가 무너지고 새로운 시대가 열리게 된다.

　수행자들이 선방이나 토굴에서 나올 때 '한 소식' 하듯 난롯불 독방에서 나온 데카르트의 '한 소식'이 "나는 생각한다, 고로 존재한다."였다. 그 토굴에서 의심 A, 의심 B, 의심 C를 연달아 찾아내는 동안 데카르트는 '나는 생각하고, 그 생각 속에 내가 생각하는 것'을 생각하고 있었다. 그래서 데카르트는 생각으로 존재했다기보다는 확신을 향한 의심 제거의 의지로 살아 있었다. 우리는 무엇으로 살아 있는가? 나는 무엇으로 존재하는가?

일반적으로 "나는 생각한다."를 이성의 확신으로 해석한다.
하지만 확신을 향한 몸부림은 이성 차원에 국한되지 않는다.
『방법서설』이 이성의 확신에 대한 몸부림이었다면
『정념론』은 도덕의 확신에 대한 것으로,
이성이 도덕을 통해 어떻게 육체를 움직이는지에 대한 확신이었다.

나는 몸과 맘이 혼란스러워질 때면 데카르트의 확신에 이르는 방식을 흉내 내 본다. 의심 A, 의심 B, 의심 C…… 이렇게 하나하나 공책에 가만히 옮기다 보면 그런 일을 하고 있는 내가 가여워진다. 그리고 확신한다. 그 가여운 나는 분명 이 순간 살아 있다는 것을, 참 귀여운 녀석이다. 그리고 나도 '한 소식'한다. "나는 확신한다(믿는다), 고로 살아 있다."

12 만물의 근원은 물이다

냉철한 물음이
필요하다

인간의 회귀본능

자신이 태어난 모천(母川)으로 돌아간다는 연어의 회귀본능은 사람에게도 있는 것일까? 중세에서 근대로 이끈 에라스무스 (1466~1536)의 인문주의 정신은 '아드 폰테스(ad fontes)'로 집약되는데, 이때 '근원'이라는 뜻의 라틴어 '폰테스'는 공교롭게도 (샘)물이다. 원래 이 명구는 「시편」 42편에 있는 "사슴이 물의 근원을 향해 갈급하듯, 내 영혼이 당신을 향해 갈급합니다."(Quemadmodum desiderat cervus ad fontes aquarum, ita desiderat anima mea ad te, Deus.) 에서 에라스무스가 끌어낸 말이었다. 생명(재생, 르네상스)은 근원을 갈망할 때 가능하다는 의미다. 근원과 물의 관련성은 이미 기원전 6세기 탈레스에게서 나타나는데, 그 정신은 르네상스의 '아드 폰

ΘΑΛΕΣ

— 탈레스

"만물의 근원은 물이며, 세계는 신(神)으로 가득 차 있다."

테스'에서 구현된 것이다.

탈레스(Thales, BC 624~545년경)는 이오니아 해안의 밀레토스, 지금의 터키 서부에서 태어나 소금, 기름 등을 이집트와 아시아에 파는 상인이었다. 탈레스는 이 광범위한 지역을 물길을 따라 왕래했으며, 사업차 머문 바빌로니아와 이집트에서는 항해술과 기하학, 천문학 지식을 습득했다.

철학의 아버지 탈레스의 물

탈레스에 관하여 디오게네스 라에르티오스의 『희랍 철인 열전』(1.27)은 다음과 같이 전한다.

만물의 근원은 물이며(Ἀρχὴν δὲ τῶν πάντων ὕδωρ ὑπεστήσατο), 세계는 신(성)으로 가득 차(τὸν κόσμον ἔμψυχον καὶ δαιμόνων πλήρη) 있다. 또한 사람들은 탈레스가 1년의 시간을 알아내어 365일로 나누었다고 전한다.

"만물의 근원은 물이다."라는 명언이 중요한 이유는 인류 역사상 처음으로 '근원'에 대한 물음을 제기했기 때문이다. 당시 사람들이 경험했던 자연은 온통 의문으로 가득 찬 곳이었다. 번개 맞아 죽은 나무를 보면, 그 번개가 발생하는 이유를 알 수 없었기 때문에 분노한 제우스가 창을 던졌다는 식으로 이해했다. 신화적 이해가 자연현상의 궁금증을 푸는 유일한 해결책이었다.

하지만 탈레스는 이런 신화적인 설명이 밑도 끝도 없는 이야기라 여기고, 자연현상에 대한 '밑'과 '끝'에 대한 물음을 던진다. 여기서 밑과 끝에 해당하는 희랍어가 바로 '아르케', 즉 근원이다. 우리는 영어의 'archetype'(원형)이라는 단어에서 지금도 희랍어의 뿌리어인 'arche'를 자주 본다.

'아르케'에 대한 자세한 설명은 아리스토텔레스의 글에 나타난다. 그는 『형이상학』(983b7-12)에서 "아르케란 그것으로부터 다른 것이 나올 수는 있지만 그 자체는 다른 어떤 것으로부터도 나올 수 없는 것"이며, "만물은 아르케로부터 생겨나서 마침내 소멸하여 다시 아르케로 되돌아간다."고 말했다. 한마디로 '아르케'란 만물의 '밑'과 '끝'이다. 아르케는 시작과 마침이고 처음과 마지막이다. 어떤 현상을 거슬러 올라가서 가장 밑에 있는 것이며, 어떤 연쇄 반응의 최종 끝에 있는 것이 아르케, 곧 근원인 것이다.

탈레스는 근원-물음을 최초로 제기함으로써 이후 철학자들에게 세상을 바라보는 추상의 길을 열어 놓았고, 신화에서 철학(과학)으로의 전환을 가능하게 만들었다. 이 사실이 탈레스가 '철학의 아버지'로 불리기에 충분한 이유가 된다.

신화에서 철학으로

탈레스가 살던 시대는 신화적인 사고방식으로 세계를 설명했다. 탈레스도 신화의 영향을 많이 받았다. 바빌로니아 신화에는 태초에 강의 신 압수(Apsu)와 바다의 신 티아마트(Tiamat)가 있었고, 거기서 만물이 하나씩 나온다. 이집트 신화에서 대지는 물 위에 떠 있으며 물은 대지를 감싸며 흐른다. 호메로스에게 지구는 편평한 원반과 같았고 그 주변으로 강의 신 오케아노스가 땅을 둘러싸고 있다. 이렇듯 오케아노스는 그저 강의 신이라는 의미만 있는 게 아니었다. 그도 그럴 것이 오케아노스는 셈족어 계통인 페니키아어로 '원을 그리는', '순환하는'이란 의미를 갖는데, 이들 신화를 통해 고대인들은 물의 신이 세계를 둥글게 둘러싸고 있다고 여겼음을 알 수 있다. 이것으로 비가 하늘에서 내리는 것과 물이 땅에서 솟는 것을 설명할 수 있었다.

특히 『일리아스』(14. 246)에서는 강의 신인 오케아노스와 바다의 신 테튀스의 결합에서 만물이 나왔다고 말한다. 그래서 칼 포퍼와 같은 학자들은 호메로스나 탈레스가 만물의 근원에 대해 동일한 이야기를 하고 있다면서 탈레스를 하대하는 경향이 있다.

하지만 아리스토텔레스는 탈레스를 부각시키면서 이렇게 말한다. "최초로 지혜를 사랑한 자들 가운데 많은 자들이 질료의 형상속에서 만물의 근원을 생각했다."(『형이상학』 983b6.) 여기서 '질료의 형상'이란 말은, 조각상을 예로 들면 질료는 대리석이고 형상은 그

"아르케란 그것으로부터 다른 것이 나올 수는 있지만
그 자체는 다른 어떤 것으로부터도 나올 수 없는 것."

—아리스토텔레스

인물의 형태를 말한다. 그러니까 탈레스를 비롯한 자연철학자들은 물질의 형태 속에서 만물의 근원을 생각했다. 탈레스는 '옛날 옛적에 모든 신들이 강의 신 오케아노스에게서 나왔다.'라는 방식이 아니라, 만물은 '물질의 형태'인 '물'로부터 시작되어 물로 돌아간다고 생각한 것이다.

물은 우리에게 여러 가지 형태로 나타난다. 얼음은 고체, 마시는 물은 액체, 그리고 수증기는 기체 상태다. 탈레스가 말하는 물은 여러 형태들에 관통된 어떤 것이다. 아리스토텔레스는 탈레스의 '물'은 그 근원을 물리법칙에 두었다는 점에서 호메로스의 서사시나 신화와 분명한 차이가 있다고 밝힌다.

그리고 다시 신(성)으로

그런데 디오게네스 라에르티오스의 인용문(『희랍 철인 열전』 1.27)에 있는 또 다른 한마디가 우리를 당혹스럽게 한다. "세계는 신(성)으로 가득 차 있다." 신화적 사고를 온통 물리법칙으로 이해하려 한 탈레스는 무슨 이유로 다시 신에게로 돌아간 것일까?

이에 대해서 아리스토텔레스의 설명을 들어 보자.

영혼이 만물에 섞여 있다고 사람들이 말한다. 마찬가지로 탈레스는 만물이 신으로 가득하다(πάντα πλήρη θεῶν εἶναι)고 생각했다.

— 아리스토텔레스, 『영혼론』(411a)에서

이전부터 희랍 사람들은 자철광이 쇠붙이를 끌어당기는 현상을 알고 있었다. 이런 현상은 또한 마찰시킨 호박이나 거기에 끌려가는 깃털이나 실 같은 물체에서도 나타난다. 전기를 뜻하는 영어 'electricity'는 희랍어로 '호박'인 '엘렉트론'에서 유래했는데, 탈레스는 물체가 다른 물체를 끌어당기는 현상은 그 물체 속에 영혼이 있기 때문이라고 결론 내렸다.

이것으로 보건대, 탈레스가 말하는 영혼은 스스로 움직이거나 다른 것을 움직이게 할 수 있는 '능력'을 뜻한다. 동물은 그러한 능력을 갖고 있다. 탈레스는 물질이 다른 물질을 움직이게 한다면, 이런 능력이 바로 영혼 내지는 신성이 있기 때문이라고 이해했다.

탈레스는 결국 신에게로 향하는데, 그 신이란 자철광이나 정전기에서 볼 수 있듯 다른 물질을 움직이게 하는 힘이었다. 그는 근원을 물리법칙 안에서 추구하면서 신화에서 말하는 신과는 상당히 다른 신관을 가졌다. 사람들은 이것을 '물활론(物活論)'이라 한다. 결국 탈레스는 이 신성, 곧 다른 물질에 미치는 힘에 대한 지대한 관심을 가졌고, 더 이상 알 수 없는 힘에 대해서는 그 근원을 신이라고 말했던 것이다.

밑도 끝도 없는 미신적인 낙관

스페인 화가 고야(1746~1828)의 「이빨 사냥」이란 제목의 동판화가 있다. 그림 속엔 두 인물이 있는데, 사형수의 시체가 교수대의 줄에 매달려 죽은 채 늘어져 있고, 한 여인은 두려운 나머지 얼굴을 뒤로 돌린 채 한 팔로 시체 입속의 치아를 뽑고 있다. 왜 이러는 것일까? 18세기 스페인에서는 사형당한 시체의 치아엔 신통한 힘이 있다는 미신이 있었다. 당시 스페인은 가톨릭 국가로서 종교적 열정이 대단했지만, 실제 생활에서는 그 종교와 전혀 관련 없는 미신을 따르고 있었다.

우리는 때때로 탈레스 당시의 사람들처럼 밑도 끝도 없는 이야기를 좋아한다. 하지만 근거 없는 그 이야기에 빠져 살면서 어떤 해결도 보지 못하다가 낭패를 겪곤 한다. 그러고는 그 불행에 대해 어떤 냉철한 진단도 하지 않고, 또 밑도 끝도 없는 낙관에만 빠져 산다. 근원 없는 낭설과 희망은 미신과 같은 종교일 수도 있고, 일확천금을 노리고 주머니에 넣어 둔 복권일 수도 있다.

이런 낙관의 시작은 어디서부터 나온 것인지, 그 종국은 어떻게 될지 모른다면 근원을 물었던 탈레스가 나에게 조언할 것이다. 거슬러 올라가서 더 이상은 '밑'과 '끝'이 무엇인지 모르게 될 때 신을 들먹이라고. 하지만 그전까지는 '밑'과 '끝'에 대한 끊임없는 냉철한 물음이 필요하다고. 그리고 그는 마지막으로 덧붙일 것이다. "만물의 근원은 물이고 만물은 신성으로 가득하다."고 자신이 말한 그

18세기 스페인에서는 사형당한 시체의 치아엔
신통한 힘이 있다고 믿었다.
스페인은 가톨릭 국가로서 종교적 열정이 대단했지만
실제 생활에서는 미신을 따르고 있었다.

지점이 '아드 폰테스'의 모천이라고, 다들 이제는 잠자고 있는 회귀본
능을 깨워서 팔딱거리는 연어처럼 그곳을 향해 헤쳐 나가라고.

미신에서 벗어난 예언의 힘

탈레스 당시에 거명되던 신들은 카오스(혼돈의 신), 가이아(땅의 여신), 에로스(사랑의 신), 우라노스(하늘의 신), 폰토스(바다의 신), 네메시스(복수의 여신), 디케(정의의 여신), 그리고 모이라(운명의 여신) 등이었다. 다른 사람들은 이들 신의 이름을 부르며 자연현상을 신화로 설명했지만, 탈레스는 자연현상의 근저에 깔려 있는 근원에 대해 생각했다. 맹목적인 신화에서 벗어난 근원에 대한 물음은 철학을 태동시켰을 뿐만 아니라 수학과 과학도 괄목상대할 만한 발전을 보게 만든다.

탈레스는 태양을 태양신 헬리오스의 움직임이 아닌 천체 중의 하나에 불과하다고 여겨, 태양의 궤도를 처음으로 규정했다. 그뿐만 아니라 태양의 크기와 달의 크기도 예측했다. 태양과 달에 대한 이러한 지식을 바탕으로 곧 지구가 둥글다는 사실을 알아냈으며, 아직은 달력이 없었던 당시의 1년을 365일로 나누는 방법도 발견하게 된다.

또한 헤로도토스가 남긴 기록에 따르면 탈레스가 기원전 585년 5월 28일에 있었던 일식까지도 예측했다.(『역사』 1.74 ; 디오게네스 라에르티오스, 『희랍 철인 열전』 1.23.) 당시 월식의 주기는 19년으로 잘 알려져 있었지만 일식의 주기는 측정되지 않고 있었다. 탈레스는 이때의 일식을 예측하고는 당시 한창 전쟁 중이던 메디아와 뤼디아의 싸움도 끝날 것이라 예언했다고 한다.

일식 때문에 태양이 갑자기 빛을 잃자, 양편의 장군들은 신의 분노가 있다고 여기고 싸움을 급히 멈춘 뒤 모두 신에게 용서를 빈 것이다. 그렇게 하여 탈레스의 예언은 적중하고 말았다. 탈레스는 오 케아노스 신화를 물질세계의 물이라고 이해했던 것처럼 다른 모든 신들도 과감하게 물리법칙으로 이해했다. 또한 탈레스의 이런 생각 은 수학과 과학의 진보를 보게 만들었다.

13 　 유레카

새로운 발견을 위한

나만의 팔림세스트

기도집(輯)이 된 아르키메데스의 글

당신은 흐릿한 글씨를 읽는다. 가로 세 뼘과 세로 두 뼘쯤 되는 팔림세스트(palimpsest) 위에서. 1907년에 시작된 이 문서의 복원은 1998년 크리스티 경매에 나온 후에야 시작되었고, 첨단 장비를 이용한 결과 해독에 성공한다. 그런데 이 복원을 통해 그의 편지 하나가 극적으로 발견된다. 대부분 소실된 아르키메데스(BC 287-212)의 작품이었다.

희랍 수학에 관심을 갖고 있었던 덴마크의 문헌학자 하이베르(Johan Ludvig Heiberg, 1854-1928)는 중세 기도집 중에서 희미하게 남은 글씨를 읽게 된다. 그것이 이 문서를 발견하는 시작이 되었다. 종이가 없던 시절, 파피루스는 파손이 심해 동물의 가죽, 특히 양피지를 사용했다. 하지만 그 양피지도 너무 귀한 시절이라 썼던 글자를 지우고 그 위에 또 쓰길 반복했다. 이 과정에서 이전에 썼던 글은 흐릿하게 눌린 채 남게 된다. 그래서 아르키메데스의 글은 지워지고 기도집이 되었던 것이다.

팔림세스트의 어원은 희랍어(παλίμψηστος)인데, '팔림'은 '다시'를, '(프)세스토스'는 '지워진'이란 뜻이다. 팔림세스트는 새로운 글자 층(layer)을 통해 지워진 글자 층이라는 복합적인 의미 구조를 지닌다. 고대 문서의 발견은 일차적으로 지워졌거나 손상된 것을 다시 드러내려는 과정에서 얻게 된다. 이것이 아르키메데스가 사우나 하다가 소리쳤다는 '유레카(εὕρηκα).'(발견했다.)와 맞닿아 있다.

사고판의 전환

아르키메데스의 고국 쉬라쿠사는 안타깝게도 로마와 한창 전쟁 중이던 카르타고와 동맹 관계였다. 하지만 쉬라쿠사를 정복하려던 로마는 일흔 살 고령의 아르키메데스 때문에 애간장을 태운다. 쉬라쿠사는 작은 나라였지만 아르키메데스가 조국을 든든히 지키고 있었기 때문이다. 그는 이미 청년 시절부터 땅 아래의 물을 끌어 올릴 수 있는 나선식 양수관을 만든 발명왕이었는데, 기발한 신무기들도 발명해 로마를 괴롭혔다. 지렛대를 이용한 투석기로 로마군에 융단폭격을 가했으며, 심지어 기중기를 이용해 로마의 군함 갤리선을 바다에서 들어 올려 꼼짝 못하게 했다. 로마 군함이 해안에서 멀리 떨어져 있으면, 그는 거대한 오목거울에 햇빛을 모아 반사시켜 화재까지 불러일으켰다.

아르키메데스의 일화 중 가장 유명한 것이 그의 명언인 '유레카'와 관련된 일이다. 이 일화는 비트루비우스(BC 81-AD15)의 『건축에 관하여』(9. 10)에서 자세히 전하고 있다.

아르키메데스는 이 일을 신경 쓰면서 목욕탕에 우연히 들어갔다. 그는 거기 욕통 안에 내려가면서 자신의 몸이 잠기는 것만큼 밖으로 물이 넘친다는 것에 주목하였다. 그것을 설명할 수 있는 원리가 떠오르자, 그는 즉시 통에서 뛰쳐나가면서 기뻐했다. 집까지 벌거벗은 채로 가면서 그가 찾고 있었던 것을 발견했다고 큰 소리로 외쳤다. 그는 뛰면서 희랍어로 "유레카, 유레카."를 되풀이하며 고함쳤다.

아르키메데스는 스물두 살 때 쉬라쿠사의 히에론 왕의 부탁을 받고 '왕관 문제'를 해결했다고 한다. 그는 뛰어난 수학자로 당시 기하학에 조예가 깊어 원기둥이나 구의 부피와 넓이를 해결할 능력을 갖추고 있었다. 하지만 왕관을 일일이 조각내어 복잡한 전체의 부피를 계산하다 보면 큰 오차가 발생할 수밖에 없었다. 아르키메데스는 부피에 대해서만 생각하다 우연히 사우나를 하게 되는데, 거기서 물체가 물에 뜨는 현상인 부력을 그 문제와 연관시키게 된다. 부피 개

유레카란, 부피라는 고정된 사고판에서 부력이라는 사고판을 읽어낸 것,
즉 사고의 전환이다.

념에서 부력 개념으로 사고의 전환이 이루어지면서 이 문제가 해결된 것이다. 그러니까 천칭을 물속에 넣어 측정하는 물체의 부피 차이만큼 부력 차이가 생길 때 지렛대의 평형이 깨어지는 원리를 이용해서 문제를 해결한 것이다.

아르키메데스는 욕탕에 들어갔다가 부피가 훤히 보이는 사고의 층에서 희미하게 보이는 부력의 층을 발견(유레카)했다. 이 일화에서 알 수 있는 유레카란, 부피라는 고정된 사고판에서 부력이라는 사고판을 읽어낸 것, 즉 사고의 전환이다. 그리고 때로는 그 판들의 중첩 작용을 통해 새로운 의미를 발견하게 된다. 우리의 이런 사고판들은 마치 팔림세스트에서 보이는 글씨의 층과 희미해진 글씨의 층이 서로 중첩되는 것과 같은 현상이다.

나의 고착된 생각의 양피지 위에서

우리에게 '발견'이란 무엇일까? 팔림세스트를 통한 유레카를 나 자신에게 적용시켜 보자. 하나의 고착된 생각의 양피지 위에서 희미해진 과거의 흔적이 갑자기 크고 선명하게 보이는 현상이 바로 유레카다. 그럼 우리의 희미해진 생각의 흔적은 어디에 있는가? 그 흔적을 프로이트라면 아마 꿈이라 할 것이고, 바슐라르라면 기억이라 할 것이다. 뭐든 좋다. 그럼 질문을 바꿔 보자. 어떤 희미해진 흔적이 꿈에서건 일상에서건 보이는가? 어떤 망각된 흔적이 남아 있는

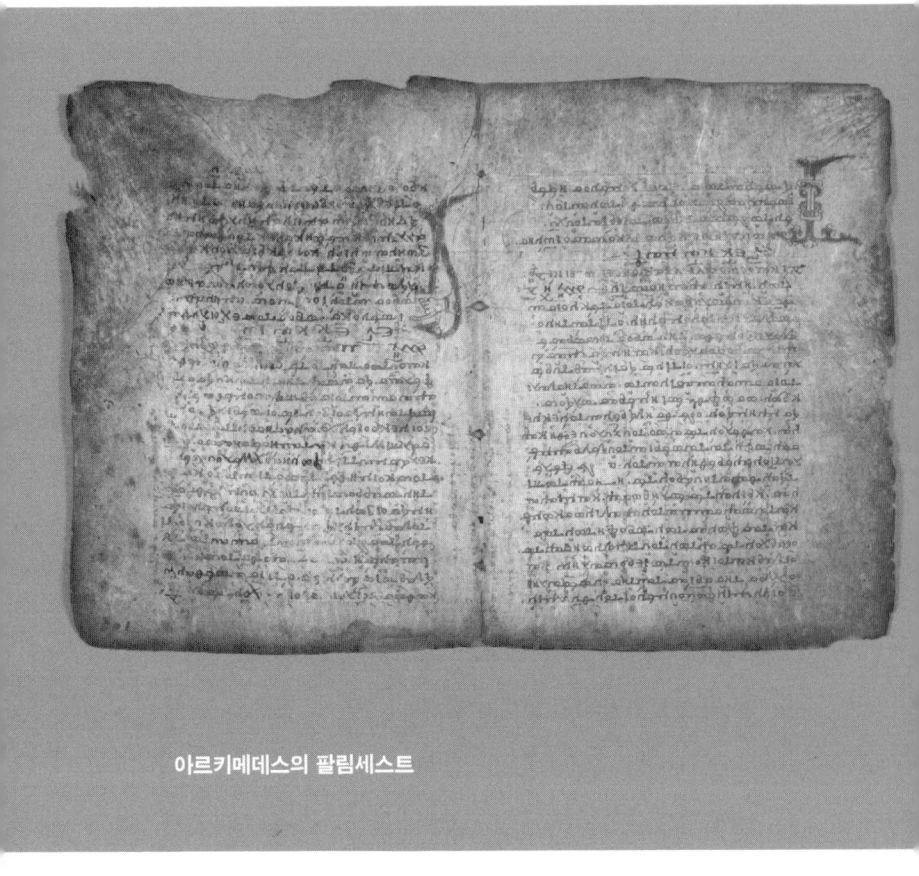

아르키메데스의 팔림세스트

가? 스치듯 지나가는 이런저런 흔적을 엮어 더 큰 사고 틀을 완성한다면 우리도 아르키메데스처럼 외칠 수 있다. 유레카! 유레카!

"햇살과 바람이 깊게 스민 그릇의 밑바닥"

나는 꿈에서 늘 동일한 슬픈 광경을 목격한다. 한없이 내성적이던 어린 시절, 나의 유일한 단짝 친구 루티를 본다. 만나는 게 아니라 그저 보고 있다. 그는 외국인 친구가 아니라 현관 밖 작은 집에 따로 살던 불도그다. 햇살에 빛바랜 양은 냄비에 내가 먹던 밥이며 맛있는 반찬과 간식을 덜어 주면 루티는 금세 뚝딱 먹어 치웠다. 루티도 내성적이라서 차마 더 달라 하지 못하고 빈 냄비만 사정없이 핥곤 했다.

1년 남짓 우정을 나누던 루티는 부모의 결정에 따라 영영 다른 곳으로 가 버렸다. 루티가 사라진 자리엔 "햇살과 바람이 깊게 스민 그릇의 밑바닥"만이 남았다. 그 후 난 지금도 때때로 루티의 꿈을 꾼다. 그런데 얼마 전 루티의 밥그릇을 발견했다. 자주 가는 식당에서 끓여 주는 라면이 그 그릇에 담겨 있었다. 단짝 시절 친구를 생각하며 나는 오늘도 라면을 먹는다.

개가 밥을 다 먹고
빈 밥그릇을 핥고 또 핥는다
좀처럼 멈추지 않는다
몇 번 핥다가 그만둘까 싶었으나
혓바닥으로 씩씩하게 조금도 지치지 않고
수백 번은 더 핥는다

나는 언제 저토록 열심히

내 밥그릇을 핥아 보았나

밥그릇의 밑바닥까지 먹어 보았나

개는 내가 먹다 남긴 밥을

언제나 싫어하는 기색 없이 다 먹었으나

나는 언제 개가 먹다 남긴 밥을

맛있게 먹어 보았나

개가 핥던 밥그릇을 나도 핥는다

그릇에도 맛이 있다

햇살과 바람이 깊게 스민

그릇의 밑바닥이 가장 맛있다

— 정호승, 「밥그릇」에서

양은 냄비라는 라면 그릇에서 루티의 모습이 희미하게 떠오르는 것은 새로운 발견을 위한 나만의 팔림세스트다. 그렇다면 그릇의 밑바닥에서 되살려 낸 유레카는 내게 무엇이란 말인가? 아르키메데스가 발견한 법칙들에 비하면 초라하기 그지없다. 하지만 나의 루티에 대한 생각이 머무는 그 한 점이 주어지고, 내가 지구 밖으로 나갈 수 있다면 긴 막대기를 이용해 이 지구도 들어 올릴 수 있다는 당당함이 생긴다. 아르키메데스의 점, 그것은 마음속에서 흔들리지 않는 불변의 진리, 내게는 생명체에 대한 사랑이다. 오늘도 라면을 먹으면서 나는 외친다. "유레카!"

하나의 고착된 생각의 양피지 위에서
희미해진 과거의 흔적이 갑자기
크고 선명하게 보이는 현상이
바로 유레카다.

14　귀게스의
반지

**권력의 유혹을
극복하는 기적**

『잉글리시 페이션트』의 '귀게스'

어떻게 사랑에 빠지는지 이야기해 주기로 했었지.

제프리 클리프튼…… 그는 나한테 연락을 했고, 다음 날 결
혼하고서 2주 뒤에 아내와 함께 카이로로 날아왔지. 그들은
신혼여행의 마지막 시간을 보내는 중이었어. 그것이 우리 이야
기의 시작이오.

마이클 온다체의 소설 『잉글리시 페이션트』(1966) 중에서 9장
「수영하는 이들의 동굴」 시작 부분이다. 이 소설은 영화로도 우리에
게 친숙하다. 남자 주인공이 죽을 때까지 간직하고 있었던 책이 헤
로도토스의 『역사』였는데, 이 책에서 여주인공이 낭독했던 '귀게스'

의 이야기가 이 소설을 이해하는 의미심장한 도구다.

귀게스 이야기는 두 가지 버전이 있는데, 하나는 헤로도토스의 『역사』에, 또 하나는 플라톤의 『국가』에 등장한다. 헤로도토스보다 반세기 늦은 플라톤은 귀게스 이야기를 투명인간을 만드는 이른바 '귀게스의 반지'로 풀어내고 있다. 『잉글리시 페이션트』는 이 두 가지 버전을 종합하여 정교하게 플롯을 구성했다.

귀게스(BC ?-648)라는 사람이 칸다울레스 왕을 대신하여 왕이 되면서 뤼디아에서 크로이소스 왕조(『역사』 1권 7-13)를 열었다. 귀게스의 신분 상승은 고대에서는 거의 기적과 같은 일이었는데, 그도 그럴 것이 당시 신분이란 벗어날 수 없는 운명과 같았는데 그것을 넘어서는 일이 실제 역사에서 일어났기 때문이다. 이후 귀게스는 28년간 뤼디아 왕국을 통치했으며 자식에게 왕권을 물려주게 된다. 헤로도토스는 그가 경호원에서 왕으로, 플라톤은 그가 양치기에서 왕이 되었다고 전하는데, 이 같은 신분 상승의 기적에 대한 서로 다른 보고가 흥미롭다.

'남몰래'의 욕망: 헤로도토스 vs. 플라톤

헤로도토스는 경호원의 믿기지 않는 신분 상승을 왕의 '대리 훔쳐보기' 때문에 발생한 왕비의 복수극으로 결론짓는다.

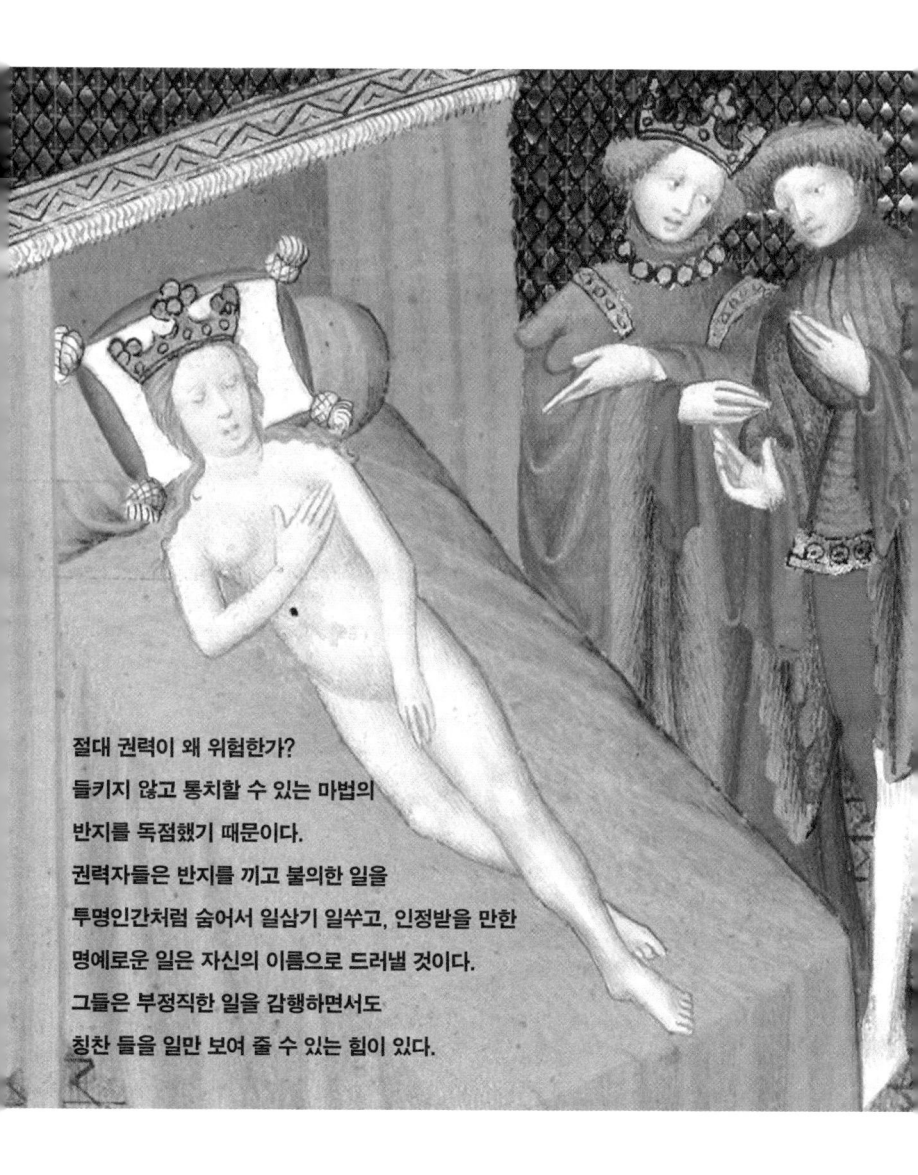

절대 권력이 왜 위험한가?
들키지 않고 통치할 수 있는 마법의
반지를 독점했기 때문이다.
권력자들은 반지를 끼고 불의한 일을
투명인간처럼 숨어서 일삼기 일쑤고, 인정받을 만한
명예로운 일은 자신의 이름으로 드러낼 것이다.
그들은 부정직한 일을 감행하면서도
칭찬 들을 일만 보여 줄 수 있는 힘이 있다.

오래지 않아 멸망하게 되었으니, 칸다울레스가 기필코 패악을 일삼았기 때문이다.

— 헤로도토스, 『역사』(1권 8. 2)에서

여기서 말하는 칸다울레스 왕의 패악은 '대리 훔쳐보기'였다. 왕은 왕비의 외모가 가장 아름답다고 여기고 경호병 귀게스에게 아내의 벗은 몸을 훔쳐보게 한다. 이 사실을 알고 극도의 수치심을 느낀 왕비는 귀게스와 함께 왕을 살해한다.

반면에 플라톤은 양치기의 기적적인 신분 상승을 투명인간이 되게 하는 '반지'의 마법으로 풀어낸다. 두 이야기 중 우리에게 익숙한 것은 명언의 형태로 회자되는 플라톤의 '귀게스의 반지'다. 이 이야기는 플라톤이 창작했다기보다 그전에 이미 통용됐던 옛이야기(μυθόλογος)였던 것 같다.

그렇다면 고대인들은 어떻게 이런 상상의 날개를 펼칠 수 있었을까? 가장 그럴듯한 이유는 희랍어의 특징 때문이다. 반지는 희랍어로 '다크튈리온'인데, 귀게스의 아버지 이름이 '다스퀼로스'였다. 여기서 다스퀼로스라는 인명이 그것과 발음이 비슷한 다크튈리온, 즉 반지로 바뀌었을 수 있다. 희랍인들은 누구를 소개할 때, 그 사람의 이름을 쓴 다음 부친의 이름을 소유격으로 쓴다. 그래서 헤로도토스는 '귀게스, 다스퀼로스의(Γύγης ὁ Δασκύλου)'라 표기하고, 우리는 '다스퀼로스의 아들 귀게스(『역사』 1권 8. 1)라고 이해한다. 그런데 플라톤은 '귀게스의, 다크튈리온(Γύγου δακτύλιον)', 즉 '귀게스의 반지'

(플라톤, 『국가』 10권, 612b)라고 말한다.

귀게스와 부친의 관계가 귀게스의 반지로 자연스럽게 와전되어 이야기로 퍼졌을 것이다. 그래서 생긴 명언이 '귀게스의 반지'다. 귀게스는 이 반지가 보석 받침을 손 안쪽으로 돌리면 투명인간이 되는 기적의 반지라는 것을 우연히 알게 된다. 그래서 이 반지를 이용해 왕비와 정을 나누고, 왕을 살해하여 자신이 왕이 되었다.(『국가』 2권 360a-360b.)

이 두 버전에서 동일한 요소는 귀게스가 일정 시간 보이지 않아야 한다는 점이다. 이 점은 『역사』에서는 침실에 숨어서 '몰래 보기'로, 『국가』에서는 투명인간이 되어 '몰래 하기'로 나타난다. 그래서 '귀게스의 반지'는 '몰래' 하고 싶은 욕망의 원형이 된다.

플라톤: '몰래 하기'라는 절대 권력

플라톤은 「귀게스의 반지」 이야기를 시작할 때, 그 이유를 다음과 같이 밝힌다.

제가 말씀드리는 권력이란 절대적인데, 사람들이 "뤼디아 사람, 귀게스 조상이 가졌다."고 전하는 그런 힘을 가질 수 있다면 그렇습니다.

— 플라톤, 『국가』(2권 359c-359d)에서

플라톤에 따르면, 절대 권력은 귀게스가 가졌던 힘, 즉 '몰래 하기'를 소유한 자의 것이다. 그래서 '귀게스의 반지'를 소유한 자는 절대 권력을 소유한 것이다. 다음을 보자.

그래서 만일 이런 반지가 두 개가 있어서 하나는 정직한 자가, 다른 하나는 부정직한 자가 낀다면, 그런 경우에 정직하게 남아서 남의 것을 멀리하고 그것에 손을 대지 않을 만큼 단호하게 불굴의 의지를 가진 사람은 아무도 없을 것 같습니다.

— 플라톤, 『국가』(2권 360b)에서

아무리 정직한 사람이라도 '귀게스의 반지'를 손에 쥔다면, 부정직한 자와 마찬가지로 '몰래' 하려는 욕망의 포로가 된다. 흥미로운 사실은 귀게스를 헤로도토스는 정직한 자로, 플라톤은 부정직한 자로 묘사한다는 점이다. 『역사』에서 '대리 관음증'에 빠진 왕에게 귀게스는 "오래전부터 인간들에게 아름다운 것이 규명되었으니, 그것을 배워야만 합니다. 그중 하나가 '자신에게 속한 것만 보아라.'라는 것입니다."(『역사』 1권 8.4)라고 말한다. 그뿐 아니라 신탁이 귀게스를 왕으로 인정했으며, 비희랍인으로서 처음으로 델포이 신전에 제사를 바친 자라고 상당히 길게 헤로도토스가 전한 것으로 판단컨대(『역사』 1권 13-14), 경호원 귀게스는 정직한 자였음에 틀림없다.

하지만 정직한 그는 절대 권력에 강제되어 어쩔 수 없이 '훔쳐보기'를 감행한다. 지금도 그런 '훔쳐보기'는 국가권력에 의해 정보원

투명인간이 되어 '몰래 하기'를 자행하는 몰염치의
사람들은 자신의 모습, 즉 몸과 얼굴을 볼 수 없다.
그래서 체면(몸 체(體), 얼굴 면(面))이 있을 때
우리는 몰염치를 탈출할 수 있다.
누군가에게 보여 줄 나의 모습, 즉 체면이 있을 때,
그러니까 수치심을 아는 상태인 염치가 있을 때
나는 '나'다울 수 있는 것이다.

이나 첩보원 등의 여러 명분으로 감행된다.

　반면 『국가』에서 귀게스는 부정직한 자로 나타나는데, '몰래 하기'의 욕망에 사로잡혀 반지를 끼고 왕비와 내통한 후 왕을 살해했기(『국가』 2권 360b) 때문이다.

　절대 권력이 왜 위험한가? 들키지 않고 통치할 수 있는 마법의 반지를 독점했기 때문이다. 권력자들은 반지를 끼고 불의한 일을 투명인간처럼 숨어서 일삼기 일쑤고, 인정받을 만한 명예로운 일은 자신의 이름으로 드러낼 것이다. 그래서 일반인들은 '귀게스의 반지'를 낀 자, 그러니까 권력을 쥔 자가 한 일을 알 수가 없다. 그들은 부정직한 일을 감행하면서도 칭찬 들을 일만 보여 줄 수 있는 힘이 있다. 사건의 경위를 알 수 없는 일반인들은 어떤 일을 당연하게 여기거나 혹은 의아하게 여길 것이다.

　이 반지를 소유한 자들은 순진한 사람들의 적나라한 모습을 몰래 훔쳐보면서 자신들이 몰래 해 놓은 일들을 통해 그만한 권력을 가졌다고 으스댄다. 타인의 시선, 즉 체면 때문에 채우지 못했던 자신의 욕망도 투명인간이 되어서는 마음껏 충족시킨다. 우리는 지금도 경제나 정치 권력을 가진 자들이 밀실에서 몰래 일삼은 일들이 스캔들이나 추문으로 나중에 발각되는 경우를 종종 본다. 양치기 귀게스는 반지가 없었으면 엄두도 내지 못했을 욕망, 그러니까 왕비를 탐하고 왕을 죽여 왕국을 장악하는 거사에 성공한다.

헤로도토스: '몰래 보기'라는 몰염치

헤로도토스는 귀게스의 일화 속에서 왕의 '몰래 보기'를 몰염치라고 평가한다. 다음을 보자.

> 아내는 남편 때문에 이루어진 일임을 알았지만, 수치를 당하고도 울지 않았으며 눈치채지 못한 듯 보였다. 오직 남편 칸다울레스에게 복수할 마음만 먹었다. 그도 그럴 것이, 뤼디아인들뿐만 아니라 다른 모든 비헬라인들은 심지어 남자의 알몸이 드러나는 것도 큰 수치로 여겼기 때문이다.
>
> ― 헤로도토스, 『역사』(1권 10.3)에서

헤로도토스는 왕가에서 일어난 일이지만 '왕과 왕비'라는 말 대신 '남편과 아내'라는 낱말을 사용하면서, 부부 간에 어겨서는 안 될 도리에 대해 말한다. 사랑하는 연인 당사자 간의 알몸은 최고의 아름다움으로 여겨지지만, 그것이 제삼자에게 허용되는 것은 당시 뤼디아 및 비헬라인들의 법도(노모스)에 어긋나는 행동이었다. 같은 이유로 왕에게 훔쳐볼 것을 명령받은 귀게스는 강력하게 항변한다. "법도에 어긋난 짓을 하지 말 것을 당신에게 요청합니다."

아내는 밤마다 특정 자리에서 충혈된 눈으로 침을 흘리며 포르노에 집착하는 남편의 '대리 관음증'에 모욕을 느꼈고, 남편을 죽여서라도 그 수치를 씻으려 했다. 그리고 자신의 알몸을 목격한 귀게스를 남편으로 삼는 것만이 일생을 괴롭힐 그 수치심의 끝없는 감정에서 벗어나는 길이었다. 이것이 바로 헤로도토스가 탐문(探聞)한 국왕 시해의 명분이다.

수치심을 알고 그 도를 넘지 않으려는 귀게스와는 대조적으로 칸다울레스 왕은 수치를 전혀 모르는 사람이다. 왕은 절대 권력자임에도 몰염치한 상태에 빠져 있다. 귀게스 시대뿐만 아니라 지금도 '몰래 하기'의 유혹은 스마트폰과 인터넷을 통해 확산되고 있으며, 그 '관음증'은 '귀게스의 반지'라는 익명성을 확보하면서 우리를 몰염치로 몰아간다.

사람들은 대놓고는 못 하지만 얼굴이 보이지 않으면 하는 일이 있다. 익명성은 사람에게 용기라는 마법에 빠지게 하는데, 그 용기는 몰염치가 된다. '몰래 하기'의 유혹에 쉽게 빠지는 것은 자신의 '몸'과 '얼굴'을 숨기고 행동하기 때문이다. 투명인간이 되어 '몰래 하기'를 자행하는 몰염치의 사람들은 자신의 모습, 즉 몸과 얼굴을 볼 수 없다. 내가 없는 텅 빈 거울에 서서 내가 할 수 있는 일은 없다. 그래서 체면(몸 체[體], 얼굴 면[面])이 있을 때 우리는 몰염치를 탈출할 수 있다. 누군가에게 보여 줄 나의 모습, 즉 체면이 있을 때, 그러니까 수치심을 아는 상태인 염치가 있을 때 나는 '나'다울 수 있는 것이다.

강제적 몰래 보기와 우연적 몰래 보기

귀게스 이야기에서 나오는 '몰래 보기'는 여러 형태가 있다. 그 중 헤로도토스가 전하는 귀게스의 훔쳐보기는 절대 권력이 강제로 명령하는 행위였다. 요즘 세계 각국이 일삼고 있는 각종 첩보 활동이나 감시, 민간인 사찰, 기업의 산업스파이, 보안 감시가 여기에 해당된다.

귀게스의 이야기를 플롯으로 삼은 『잉글리시 페이션트』는 국가에 의한 강제적 '몰래 보기'를 첩보원이라는 인물들의 신원으로 폭로한다. 이 소설에서 세 명의 남자, 캐나다인 카라바조와 아내의 미모를 뽐내는 클리프튼은 둘 다 영국 첩보원이었고, 주인공 알마시는 독일군에는 영국 첩보원으로, 연합군에는 독일 첩보원으로 오해받는다.

특히 알마시는 벨기에 출신 백작으로 2차 세계대전 이전부터 리뷔아 지역의 지도를 만들고 있었는데, 영국은 그를 감시하도록 클리프튼에게 첩보 임무를 맡긴다. 클리프튼은 자신의 신분을 숨긴 채 알마시에게 접근하기 위해 결혼한 지 두 주밖에 되지 않은 자신의 아내 캐서린의 미모를 이용한다.

그런데 클리프튼은 자신의 아내와 알마시가 사랑에 빠지자, 이를 질투한 나머지 아내를 태우고 자신이 직접 조정하는 비행기로 알마시에게 돌진한다. 이 비행기 사고는 오히려 영국 첩보원을 죽게 만들었다. 첩보 활동을 통해 '몰래 보기'를 하던 남편이 스스로 죽게 된 것이다. 작가는 아마도 귀게스와 왕비가 대리 관음증에 빠진 왕을 살해했다기보다 왕이 스스로 파멸의 길을 자초했다고 해석하는 것 같다.

비행기 사고로 부상당한 여인을 구하기 위해 알마시는 독일군에게 자신이 만든 지도를 넘기고, 이것 때문에 어쩔 수 없이 독일 첩보원으로 오해받게 된다. 그는 첩보원, 즉 몰래 보는 사람으로 오해받으면서까지 연인을 구출하려 한다. 하지만 독일군에 의해 온몸에 화상을 입어 얼굴 없는 자가 되고, 이름도 모르는 자, 익명으로 사는 인생이 된다. 또 다른 일종의 투명인간이 된 셈이다. 하지만 국적도 다르고 첩보 활동의 목적도 달랐던 이들, 즉 강제로 몰래 보아야만 했던 자들은 각자의 상처를 안은 채 피렌체 북부에 있는 한 성당을 병원으로 사용하면서 점차 치유를 경험하게 된다.

그 치유의 시작은 '강제적 몰래 보기'를 그만두면서부터다. 수도원이라는 공간에서 출신과 신분을 떠나 서로를 인정하면서 전쟁 기간에 해 오던 '몰래 보기'는 사라진다. 마지막으로 알마시도 자신의 익명성을 포기하고, 그러니까 일종의 귀게스의 반지를 빼고 솔직하게 자신의 이야기를 들려준다. 영국 첩보원 카라바조가 독일 첩보원 알마시를 찾다가 수도원 안에서 영국인 환자 '잉글리시 페이션트'가 바로 그라는 것을 알게 되지만, 그를 진정 이해하게 되면서 소설 속 모든 긴장은 해소된다.

그런데 모든 몰래 보기가 부정직하기만 한 것일까? 몰래 보기의 또 다른 형태는 우연한 계기로 만들어지는 경우다. 이것은 플라톤이 전하는 「귀게스의 반지」 이야기에 나온다. 플라톤에 따르면, 뤼디아의 왕에게 고용된 귀게스는 공권력의 강제 속에서 살아야만 하는 양치기다. 왕궁의 양들을 돌보다가 귀게스는 뜻하지 않게 번개와 비, 지진을 만나게 된다. 그리고 갈라진 틈에서 동굴을 발견한다. 그 속에서 시신을 발견하는데 그 죽은 자가 끼고 있던 반지를 얻어 나오게 된다. 그리고 반지가 '몰래 보기'용 도구라는 것도 우연히 알게 된다.

> "옛날에 그는 뤼디아 왕의 양치기였지. 큰 뇌우와 지진이 있고, 땅이 갈라져서 머물던 곳에도 큰 틈이 생겼지. 그는 깜짝 놀라 들여다보고는 내려갔던 거야. 옛날이야기에나 나올 법한 경이로운 것을 보았지. 속이 텅 비고 창문들이 있는 청동으로 된 말이 있었던 거야. 그는 그 창문 아래로 몸을 숙여 들여다보았는데, 보통 남자보다 좀 더 크게 보이는 시체가 있었어. 다른 것은 보이지 않고 손에 금반지만 끼고 있었는데, 그는 그것만 갖고 나왔지."
>
> — 플라톤, 『국가』(2권 359d-359e)에서

그런데 귀게스 이야기를 복선으로 깔고 있는 『잉글리시 페이션트』도 플라톤의 이 판타지를 그대로 따른다. 물론 이 소설이 표면적으로는 헤로도토스의 강제적 몰래 보기 형식을 따른다는 것은 쉽게 알 수 있다. 하지만 소설에선 국제지리학회(국제사막클럽)에 고용

질투로 인한 비행기 사고는 영국 첩보원을 죽게 만들었다.
첩보 활동을 통해 '몰래 보기'를 하던 남편이 스스로 죽게 된 것이다.
『잉글리시 페이션트』의 작가는 아마도 귀게스와 왕비가
대리 관음증을 즐기는 왕을 살해했다기보다
왕이 스스로 파멸의 길을 자초했다고 해석하는 것 같다.

된 알마시가 지리 탐사를 하던 중 뜻하지 않게 2차 세계대전을 겪
게 된다. 질투에 눈이 멀어 자신에게 돌진하던 클리프튼의 비행기가
모래 속에 추락한다. 클리프튼은 즉사했으나, 알마시는 비행기 속에

귀게스의 반지

서 부상당한 캐서린을 발견한다.

이 비행기는 『국가』 2권에서 귀게스가 발견한 '청동 말'을 상징하며, 그 '청동 말'을 부각시키기 위해 『잉글리시 페이션트』의 감독(앤서니 밍겔라)은 20세기의 '청동 말'인 비행기를 영화의 처음과 끝에 등장시키고 있다. 또한 알마시는 캐서린을 옮기던 중 그녀의 목에 자신이 이전에 준 반지처럼 생긴 금속 골무를 목걸이로 만들어 걸고 있는 것을 발견한다. 이 여인의 목 아래 움푹 패인 곳을 보고는, 자신이 '보스포러스 해협'이라고 감탄을 아끼지 않았던 그곳에서 자신을 향한 그녀의 사랑을 확인한 것이다.

알마시는 재빨리 자신이 지리 탐사 도중 발견한 '(수영하는 이들의) 동굴'을 간호처로 삼아 그녀를 극진히 보살핀다. 하지만 캐서린은 끝내 홀로 죽고 만다. 알마시가 도움을 청하러 간 사이 캐서린은 동굴 속에서 죽어 가면서 종이에 그림을 그린다. 자신이 동굴 속에서 몰래 보았던 세계, 고대인들이 그 동굴 벽화에 남겨 놓았던 판타지를 그린 것이다. 캐서린은 죽어 가면서 고대인들의 세계를 꿈꾸었다. 그녀는 마지막 숨을 내쉬며 자신의 그림과 글을 알마시의 손때가 묻은 책 『역사』 속에 넣어 둔다. 바로 이것, 캐서린의 흔적 때문에 알마시는 기억을 잃고 이탈리아 피렌체로 이송될 때에도, 간호를 받는 중에도, 심지어 자신의 생을 마칠 때까지도 이 낡은 책, 자신만의 귀게스 이야기를 소중히 간직했던 것이다.

귀게스가 뇌우 속에서 '청동 말' 속을 들여다본 것도, 반지를 발견한 것도, 그것이 마법의 반지라는 것을 안 것도 우연인 것처럼,

소설에서 알마시가 지리 탐사 도중 동굴을 몰래 발견하는 것도, 한 여인과 사랑하게 된 것도, 그리고 사랑하던 여인의 목에서 자신의 금속 골무를 발견하는 것도 우연이었다. 골무 목걸이를 통해 여인의 깊은 사랑을 우연히 몰래 본다. 그 '마법의 반지'가 온몸에 화상을 입고 이 비밀을 다른 사람에게 알려 줄 때까지 알마시의 생명을 유지하게 만든 것이다. 어쩌면 우리도 우연한 '몰래 보기'의 과정 속에서 진정한 사랑이 가능하게 되었고, 그 '몰래 보기'의 아름다움을 드러내기 위해 살고 있는지 모른다.

당신에게도 귀게스의 반지를

플라톤은 사람의 진심을 알고 싶다면 귀게스의 반지를 쥐여 줘 보라고 한다. 그러면 정직한 자도 부정직한 자도 모두 '몰래 하기'라는 욕망을 충족시킬 것이라고. 하지만 그 최종 결론은 희망적이다. 아름다움을 아는 영혼은 반지가 있으나 없으나 그 아름다움을 드러낼 수밖에 없다는 것이다. 그런 아름다움을 찾아 전하려는 자, 그 아름다움으로 살려는 자에게는 귀게스의 반지가 더 이상 절대권력의 상징이 되지 못한다.

헤로도토스는 귀게스가 이런 아름다움을 알았기에 왕이 되는 기적을 낳았다고 보았다. 그런 점에서 투명사회인 현대의 판옵티콘이 스마트폰과 온갖 감시 카메라와 몰래카메라인 이상, 거기선 기

적이 나올 수 없다. 기적이란 먼저 아름다움을 아는 것이니까. 플라
톤도 이것을 귀게스가 반지를 찾기까지 동굴로 들어간다는 옛이야
기를 통해 조심스럽게 내비치고 있다. 아름다움의 가치를 아는 자는
자기만의 동굴 속에서 어떤 투명 사회의 명분하에 자신을 하수인으
로 만들지 않고 몰래 기적을 본다. 아름다움을 알고 있는 캐서린이
동굴 벽화에서 보았던 몰래 보기의 판타지처럼.

어둠 속에 얼마나 있었지? 하루? 일주일?
이제 불도 꺼지고 너무나 추워요
밖에 나갈 수만 있다면 해가 있을 텐데
그림을 보고 이 글을 쓰느라
전등을 너무 허비했나 봐요
우린 죽어요, 죽어 가요
많은 연인들과 사람들이
우리가 맛본 쾌락들이
우리가 들어가 강물처럼 유영했던 육체들이
이 무서운 동굴처럼 우리가 숨었던 두려움이
이 모든 자취가 내 몸에 남았으면…… 우린 진정한 국가예요
강한 자들의 이름으로 지도에 그려진 선이 아녜요
당신은 날 바람의 궁전으로 데리고 나가겠죠
그게 내가 바라는 전부예요, 그런 곳을 당신과 함께 걷는 것
친구들과 함께 지도가 없는 땅을

플라톤은 사람의 진심을 알고 싶다면
귀게스의 반지를 쥐여 줘 보라고 한다.
그러면 정직한 자도 부정직한 자도 모두
'몰래 하기'라는 욕망을 충족시킬 것이라고.
하지만 그 최종 결론은 희망적이다.
아름다움을 아는 영혼은 반지가
있으나 없으나 그 아름다움을
드러낼 수밖에 없다는 것이다.

전등도 꺼지고 어둠 속에서 이 글을 쓰고 있어요

　— 앤서니 밍겔라 감독, 「잉글리시 페이션트」에서, 동굴에서
캐서린이 마지막으로 남긴 글

　모든 사람이 그냥 지나치는 행간의 뜻을 밝혀 내는 독자들처
럼, 바쁨 속에서 지나쳐 버리는 삶의 행간, 그 동굴 속에서 우리는
아름다움을 찾을 수 있다. 기적은 그 아름다움의 '몰래 보기'다. 거
기서부터 왼손이 하는 일을 오른손이 모르게 하는, 그 '몰래 하기'
가 시작되는 것이다. 우리도 이런 귀게스의 반지를 끼자. 욕망의 반
지가 아니라 캐서린의 '보스포러스'에 있었던 금속 골무, 그 사랑의
반지를.

15 예술은 자연의 모방이다

흉내 내기에서 벗어나

본받기를 실천하라

원시사회와 현대의 모방

오! 내가 웃고 있나요? (Think It's smile.)

모두 거짓이겠죠? (Think It's smile.)

날 보는 이들의 눈빛 속에는 (Oh!)

슬픔이 젖어 있는데. (Don't you worry) Hey~

내 이름은 광대 내 직업은 수많은 관객

그 앞에 웃음을 파는 일

(......)

너와 나 모두 왕의 옷을 입어도 신하가 돼 버리는 현실에

혼신의 힘을 다해 헌신에

오늘 술 한잔하면

내일은 물 한잔으로 버텨야 하지만

일단은 오늘 또 마시네, 아픔이 싹 가시네.

— 리쌍의 노랫말, 「광대」에서

이 노래에서 광대의 애환은 두 주체의 갈등, 관객의 '슬픔'과 광대 자신이 흉내 내야만 하는 '웃음' 사이에 놓여 있다. 이것은 마침내 한 주체인 광대 자신 속에 있는 감정의 갈등으로 모인다. 그래서 "슬퍼도 웃으며 내 모습을 감추는 게 철칙 / 오~ 이런 내 처질 손가락질하며 날 모욕해도 / 더 크게 웃고 난 땀으로 목욕하고."라고 한다. 광대의 '슬픔'과 '웃음'이라는 아이러니는 기막힌 '현실' 때문이었고, 그 아픔을 잠시라도 잊는 수단으로 선택한 길은 '술 한잔'이었다.

광대의 이런 무언극을 '마임(mime)'이라고 한다. 마임의 뿌리어는 희랍어 '미오스(μῖμος)'로 '모방자'와 '그 몸짓', 둘 다를 말한다. '판토마임(pantomime)'은 '마임'이라는 낱말에 '모두'를 뜻하는 희랍어 '판토스(pantos)'를 더한 것이다. 여기서 우리에게 익숙한 동족어 '미메시스(μίμησις)'도 떠올리게 된다. 이 낱말은 '모방'이나 '표현'을 의미한다. 현실이라는 무대에서 오늘도 공연해야만 하는 우리의 광대 짓은 이 노랫말처럼 사실 내 감정에 '모두 거짓'이고, 그래서 우리는 아프고, 그래서 일단은 또 마신다.

그런데 이 모방이라는 말을 우리는 예술과 관련시키는 오랜 전통을 갖고 있다. 고대 희랍에서부터 생긴 이 전통은 세네카(BC

세네카는 플라톤이 아리스토텔레스의 네 가지 원인에
"다섯 번째 원인인 '본보기'를 추가했다."고 설명한다.
여기서 '본(本)보기'는 과연 무엇일까?
세네카는 희랍어 '이데아'를 '본보기'로 생각한 것이다.
이 지점에서 "예술은 자연의 모방이다."라는 말이 등장한다.

4-AD 65)의 명언 "예술은 자연의 모방이다."에서 분명해진다. 그리고 거기서 모방으로 점철된 광대 같은 우리 삶에 하나의 해결책을 제시한다. 다음을 보자.

> 모든 예술은 자연의 모방이다.(Omnis ars naturae imitatio est.) 그런데 자연 세계에 대해서 내가 이야기한 것은 인간이 만든 것들로 향해 있다. 조각상은 예술가가 다루는 재료로 되었는데, 예술가가 그 재료에 모양(facies)을 입힌 것이다.
>
> — 세네카, 『서간』(65. 3)에서

세네카는 '자연의 모방'이라는 말을 하면서 자연 세계가 인간이 만든 것, 즉 예술 작품으로 향해 있다고 한다. 자연의 모방이 곧 예술품이기 때문이다. 그렇다면 왜 하필 자연을 모방하는 것일까? 원시 사회에서는 주술과 예술(테크네, 기예)은 같은 개념이었다. 당시 주술은 일차적으로 자연을 따라 하는 것, 즉 자연의 모방 형태로 나타난다. 그러니까 비가 오지 않을 때 주술가가 비가 오는 것과 유사한 현상을 따라 대지에 물을 뿌리면 비가 올 거라고 생각했다. 사냥이 되지 않을 때, 원하는 동물을 그려 놓고 잡는 행위를 따라 하면 그 동물을 잡을 수 있다고 믿었다.

여기서 주술가이자 예술가인 사람이 그 집단의 구성원을 대표하여 자연 현상을 따라 한다. 이렇게 따라 하는 기술, 즉 모방의 기술은 지식이 되고 결집의 능력이 된다. 자연의 모방을 통해 알게 된 자연 현상에 대한 지식이 그 집단을 단결시킨다. 그도 그럴 것이 자연을 따라 하는 이 집단은 자연현상의 원인과 결과를 이해하여 유사한 생각을 갖고, 혈통도 유사한 친족일 뿐만 아니라 이제는 종교관도 동일한 구성원이 된다.

흉내 내기 vs. 본(本)-받기

그런데 정작 우리가 모방하는 것은 자연뿐만 아니라 다른 곳에서도 나타난다. 르네 지라르(1923-2015)는 모방이 있다는 것은 타자와 자아의 관계가 모방의 관계라는 것이며, 거기서 욕망이 일어난다고 설명한다. 그때의 욕망을 '모방 욕망(mimetic desire)'이라 한다. 우리는 타자의 소유에 대해 모방한다. 이런 모방 욕망은 또한 시기, 질투의 감정과도 연관된다.

아우구스티누스의 『고백록』(1권)에 따르면, 아직 말도 못 하는 유아는 어머니의 젖을 충분히 먹고 난 후에도 다른 아기가 자기 엄마의 젖을 먹으려 하면 자신도 그를 모방해서 먹으려 한다. 아기는 파랗게 질린 나머지 다른 아기가 엄마의 젖을 먹는 것을 막는다. 아우구스티누스는 유아의 모방 욕망이 시기, 질투의 감정과 관련됨을 설명하고 있다.

이 경우 모방은 부정적인 영향을 미치는데, 모방하고 싶은 대상이기 때문에 동시에 분노의 대상이 되기도 한다. 상대를 향한 분

'이미타티오(imitatio)'는
중세 기독교에서 주로
'이미타티오 크리스티
(Imitatio Christi)'로
회자되었는데, 우리말로는
'그리스도를 본받아'로 소개되었다.
이 라틴어의 뜻은 물론
'그리스도의 모방'이지만,
더 분명히 표현한다면 그리스도의
본을 따라 하는 것, 즉 본받기다.

노와 증오는, 자신이 모방하고 싶은 이상적 모습과 그것을 따라 할 수 없는 자신의 현실적 모습 사이의 괴리에서 나타나기도 한다. 모방 욕망이 질투를 넘어 이제는 분노의 감정을 만들어 내는 것이다.

그렇다면 우리는 무엇을 모방해야 할까? 세네카의 위 인용문에서 "조각상은 예술가가 다루는 재료로 되었는데, 예술가가 그 재료에 모양(facies)을 입힌 것이다."라고 하였다. 이 모양이란 무엇일까? 세네카는 이것을 설명하면서 아리스토텔레스의 네 가지 원인을 끌어들인다. 질료인(causa materialis), 운동인(causa efficiens), 형상인(causa formalis), 목적인(causa finalis), 이 네 가지 원인이 모양을 입게 되어 작품이 생긴다는 것이다. 청동 조각상이 있다고 하자. 이때 질료인은 청동이며, 운동인은 조각가, 형상인은 만들려는 형태가 된다. 또 전시용이 됐든 교육용이 됐든 조각상을 만드는 목적이 목적인(65.4-6)이 되어 작품이 탄생한다.

그런데 『서간』(65.7)에서 세네카는 플라톤이 아리스토텔레스의 네 가지 원인에 "다섯 번째 원인인 '본보기(exemplar)'를 추가했다."고 설명한다. 여기서 '본(本)보기'는 과연 무엇일까? 세네카는 친절하게도 플라톤이 스스로 이것을 '이데아'라 불렀다고 말한다. 세네카는 희랍어 '이데아'를 '본보기'로 생각한 것이다. 그러니까 그는 '이데아'를 '본(本)' 자체로만 이해하지 않고, '보기'에도 집중하게 했다. 그 지점에서 "예술은 자연의 모방이다."라는 말이 등장한다. 물론 이것은 플라톤에 대한 세네카의 해석이다.

그렇다면 우리의 '미메시스' 번역어에 이런 세네카의 생각을 반영해 보자. 기존에 사용하는 미메시스는 어떤 것일까? '미메시스'에 대한 번역어로 가장 많이 쓰이는 게 '모방' 내지는 '흉내 내기'다. '모방'은 그 개념이 좀 모호한 것 같다. 반면 '흉내 내기'에서 '흉'은 '남에게 비웃음을 살 만한 것, 즉 허물'을 뜻하고, '-내'는 '속사정' 내지는 '배내', '속내', '쌍내'에서처럼 '생각', '뭉쳐진 것', '또렷해진 것'이란 뜻이다. 그렇다면 '흉내 내기'는 '비웃음 살 만한 속사정을 드러내기'다.

그런데 흉내 내기는 결국 내가 모방하는 대상의 허물이 드러나는 것이다. 허물이 드러나는 이때 흉내 내기는 '흉보기'가 된다. 그래서 이런 '흉-보기'는 사실 희극, 또는 현대의 마임에서 풍자하는 부정적인 인물에 대한 모방으로 많이 쓰인다. 하지만 '예술은 자연의 흉내 내기'라는 번역어로는 세네카가 말한 플라톤의 다섯 번째 '본보기'가 드러나지 않는다.

그렇다면 '자연의 본을 보고 그 본을 따라 하는 것'을 의미하는 '미메시스'의 번역으로 적당한 것은 무엇일까? '본받기'가 좋을 듯하다. '미메시스'의 라틴어 번역어인 '이미타티오(imitatio)'는 중세 기독교에서 '이미타티오 크리스티(Imitatio Christi)'로 많이 회자되었는데, 우리말로는 '그리스도를 본받아'로 소개되었다. 이 라틴어의 뜻은 물론 '그리스도의 모방'이지만, 더 분명히 표현한다면 그리스도의 본을 따라 하는 것, 즉 본받기다.

그래서 자연을 모방한다는 것도 자연의 '본-받기'로 해석하는 것이 좋을 것 같다. 그렇다면 정리해 보자. 세네카의 '예술' 개념에는 두 가지 면이 있다. 첫째, 예술가는 자연을 본다. 세네카는 이것을 'exemplar(본보기)'라고 한다. 둘째, 예술가는 그때 본 것을 따라 한다. 이때가 'imitatio', 즉 본받기다. 그래서 세네카를 따라서 이 명언을 옮긴다면, '예술은 자연의 본(本)-받기'가 될 것이다.

예술은 자연의 '본받기'

그렇다면 세네카가 말한 자연이란 무엇일까? 그와 같이 스토아 철학을 정리했던 아우렐리우스의 글을 통해 세네카의 자연관을 살필 수 있다. 다음을 보자.

> 어떤 자연도 예술보다 못하지 않다. 예술은 자연물을 본받기 때문이다. 그러나 이것이 맞는다면, 다른 모든 것 중에 가장 완벽하고 가장 포괄적인 자연은 예술의 창작 솜씨와 떨어져 있을 수가 없다. (……) 자연에서 정의가 생기고, 정의에서 다른 도덕들이 생긴다.
> ── 아우렐리우스, 『명상록』(11권 10)에서

로마제국의 황제가 예술에 대한 말을 남긴 것은 이례적이지만 아우렐리우스(121-180년)는 후기 스토아학파 철학자이기도 했기 때문에 이 점을 깊이 사색한 것 같다. 역설적이게도 이런 숙고는 경제

아리스토텔레스에 따르면 인간은 무엇인가를 모방하는 존재다.
결국 인간은 허상을 모방하든지, 아니면 본을 모방하든지,
그러니까 흉내 내기를 하든지 본받기를 하든지
어느 한 가지를 할 수밖에 없는 존재다.
그렇다면 당신이 하는 모방은
흉내 내기인가, 아니면 본받기인가?

적, 군사적 난국 속에서 싹튼 것이다. 국경에서는 외적의 침입이 계속되었고, 내부에서는 전염병이 무서운 위세로 창궐했다. 특히 그는 전쟁터에 있는 시간이 많았다. 황제는 전쟁 중에도 자신의 신념을 실천하며 살았다. 그 실천을 위해 늘 자신을 살폈다. 그래서 아우렐리우스가 희랍어로 저술한 『명상록』의 원래 제목은 "너 자신에게로"다.

자신의 내면을 성찰한 아우렐리우스는 세네카와 마찬가지로 "예술은 자연물을 본받기" 하는 것이라고 말한다. 그래서 자연과 예술은 떨어질 수 없는 것이고, 그 자연에서 정의도 생기고 도덕도 마주치게 된다고 말한다.

고대 희랍 철학에 따르면, 미메시스 개념을 계승한 예술에는 그 예술이 본받으려는 자연이 예술 자체보다 앞서 있다. 즉 예술 자체보다는 예술이 표현하는 자연의 본이 더 의미 있는 것이다. 지금 예술로 간주되는 시나 음악은 고대 희랍에서는 테크네(예술과 기술의 종합 개념)의 범주에는 속하지 못했다. 반면 지금 예술로 간주되지 않는 의술이나 항해술, 웅변술, 기하학 등은 테크네의 범주에 들어갔다. 전자보다는 후자가 자연의 본을 드러내는 것과 관련된다고 보았기 때문이다.

반면 시나 음악은 자연의 본에 대한 지식보다는 개인의 영감에 의존했다. 플라톤에 따르면 시인이나 화가들은 자연의 본을 향해 나아가기보다 허상을 따른다. 이렇게 되면 사람들의 관심은 이런 본에서 더욱 멀어지게 된다. 이렇게 멀어진 '허상(판타스마)'을 플라톤은

『국가론』(10권, 599a)에서 영어 '아이돌'의 뿌리어인 희랍어 '에이돌론', 즉 '우상'이라 하고 있다.

이때의 허상이나 우상을 흉으로 이해하고 싶다. 그러면 흉내 내기는 허상 따라 하기나 우상 따라 하기가 된다. "모든 인간은 날 때부터 모방된 것에 쾌감을 느낀다."(아리스토텔레스, 『시학』 1448b, 8.) 아리스토텔레스에 따르면 인간은 무엇인가를 모방하는 존재다. 결국 인간은 허상을 모방하든지, 아니면 본을 모방하든지, 그러니까 흉내 내기를 하든지 본받기를 하든지 어느 한 가지를 할 수밖에 없는 존재다. 그렇다면 당신이 하는 모방은 흉내 내기인가, 아니면 본받기인가?

양팔 없이 태어난 화가

당신은 이제 화가가 되어 그림을 그린다. 하얀 캔버스 위에 당신은 무슨 그림을 그릴까?

양팔이 없이 태어난 그는 바람만을 그리는 화가(畵家)였다
입에 붓을 물고 아무도 모르는 바람들을
그는 종이에 그려 넣었다
사람들은 그가 그린 그림의 형체를 알아볼 수 없었다
그러나 그의 붓은 아이의 부드러운 숨소리를 내며

아주 먼 곳까지 흘러갔다 오곤 했다

그림이 되지 않으면

절벽으로 기어올라가 그는 몇 달씩 입을 벌렸다

누구도 발견하지 못한 색(色) 하나를 찾기 위해

눈 속 깊은 곳으로 어두운 화산을 내려보내곤 하였다

그는, 자궁 안에 두고 온

자신의 두 손을 그리고 있었던 것이다

— 김경주, 「외계(外界)」에서

여기에 등장하는 화가는 첫 행에서 '바람만'을 그린다. 마지막 행에서 '두 손'을 그린다. 바람만이 그려진 그림의 '본(本)'을 사람들은 알아보지 못한다. 하지만 아주 부드럽게 자신의 붓을 절벽으로 이끈다. 화가는 절벽으로 올라갔고, 오로지 '색(色)' 하나를 찾아 헤맨다. 색(色)은 자연의 밝고 어두움을 드러내는 빨강, 노랑, 파랑이자, 자연의 동질적인 특성이고, 물질적인 형태의 삼라만상이며, 색정이었다. 화가의 태생적 한계인 '양팔 없음' 때문에 애써 외면했던 이런 종합적인 하나의 '색'을 화가는 이제 절벽이자, 눈 속 깊은 곳, 어두운 화산에서 찾은 것이다.

이 색이 바로 자연의 본이지 않을까? 그런 본을 찾았을 때 화가는 비로소 자신이 외면했던 두 손을 그린다. 그동안 그렸던 바람은 이 화가에게 허상이며 우상이었고, 자연을 통해 색을 보고서(본 보기) 그 본을 받았을 때(본받기), 그는 드디어 양팔을 얻었다. 그래서 절벽이자, 눈 속 깊은 곳이자, 어두운 화산인 자연에서 발견하는 '본'이 귀한 것이다.

왜냐하면 우리에게는 저마다 잃어버린 뭔가가 있으므로. 그 상실된 것(팔)은 자연의 본을 보고, 그 본을 따라 하다가 비로소 회복된다. 우리는 모두 양팔 없이 태어난 화가다. 어떤 본을 보고, 나는 나의 팔을 회복할 것인가? 무엇을 따라 할 것인가? 무엇을 본받을 것인가?

설움 많은 광대여, 자연을 본받아라!

어쩔 수 없이 광대 짓을 하며 다른 사람을 흉내 내는 우리 인생이 버틸 수 있는 길은 무엇일까? 리쌍의 「광대」 노랫말을 보자.

음악이 꺼지고 막이 내리고 밤이 오면
별빛에 몸을 씻고 눈부시게 광낸 구두를 신고
달에게 청혼하듯 손을 내밀어
얼음 위를 미끄러지듯 앞으로 달려(아무도)
아무도 모르게 조용히 흐르는 이 시간에
외롭게 홀로 핀 꽃 한 송이에 난 반해
사랑을 나누려 나는 간다네

세상을 넘어 시간을 멈추고

세상을 넘어 신나게 춤을 춰 봐

세상을 넘어 모두가 같은 높이에서

그래그래 그렇게

　이 광대에게 유일한 낙은 흉내 내기와 흉보기가 끝나고 자연, 그러니까 어두운 밤, 별빛, 달빛을 받으며 얼음판을 상상하고 꽃 한 송이에 반하는 것이다. 허상을 따르는 세상을 넘어, 자연의 본을 보고 시간도 멈추게 한 뒤 모두가 평등한 무대에서 신나게 춤을 추는 것, 그리고 그렇게 진술한 자신과 사랑을 나누는 것이다. 흉내 내기 하는 우리 인생의 마지막, 이 광대의 돌파구는 자연이었다. 흉내 내느라 설움 많은 광대에게 자연의 본-보기와 본-받기는 유일한 치유이자 회복이고 구원이 된다.

　하지만 어쩌면 현대인에게는 가장 일상적으로 일어나는 감정은 '무시(無視)'인지도 모른다. 무시는 (본)보기(視)가 없는 것(無)이다. 타인도 본보기가 되지 않고 나도 본보기가 되지 않으면, 나도 남을 무시하고 남도 나를 무시한다. 우리가 서로 본보기가 없는 사이, 그래서 이곳은 서로 지독하게 무시하는 사회가 됐다. 하지만 모방 욕망을 본능으로 가진 인간이기에 우리는 그 무시의 문화 속에서 많은 허상을 흉내 낼 수밖에 없고, 그러다가 또 돌연 흉보기를 한다. 우리가 본받을 위인은 과연 누구인가? 세상에 본받을 위인이 없는 것인가? 아니면 허상으로 우리의 마음은 이미 가득 차서 그 본이

들어오지 못하는 것인가?

　한국의 중고생들만 유독 본받고 싶은 위인의 칸이 아이돌로 채워졌다는 사실에 마음이 아프다. 우리가 그렇게 서로를 무시하는 사회를 만들었다. 본받을 사람이 없다면, 나는 겸허히 자연의 본을 받고 있는가? 나에게 양팔은 없어도 저 어두운 화산과 절벽, 눈 속에서라도 묵묵히 우리의 삶을 외면하지 않을 수 있는 자연을 애써 찾아가야 한다. '예술은 자연의 본'을 받는 것이니까, 우리의 설움 많은 광대 짓 속에서도 자연을 본받자! 그리고 그 자연의 본을 따르는 사람들을 묵묵히 따르자! '예술은 자연의 본받기'라고 다짐하면서.

4부 ——————— 새로워라

16 시간은 돈이다

**시간의 가역을
꿈꿔라**

시계(時計)가 전계(錢計)가 되는 세계

이런 세계를 꿈꿔 보자. 시계(時計)가 전계(錢計)가 되는 세계. 시계가 시간을 알려 준다면, '돈 전(錢)'자의 전계는 내게 남은 돈의 양을 알려 준다. 그것은 곧 생명의 시한을 표시한다. 그런데 시계가 전계가 되는 날엔 시간으로 모든 비용을 지불해야만 한다. 예를 들어 커피를 마시고 버스를 타고 화장실을 이용하는 모든 비용을 시간으로 지불하는 것이다. 그러면 시간이 지불된 만큼 생명의 시한은 줄어든다. 버스 요금이 한 시간에서 두 시간으로 인상되었다. 생명 시한이 총 한 시간 반밖에 남지 않은 엄마는 마지막으로 자식을 봐야 한다고, 운전기사에게 한 시간 반으로 제발 태워 달라고 매달린다. 거절당한 여인은 죽기 전에 자식을 만나려고 온 힘을 다해 달린다. 몇 초가 부족해 시한을 마친 이 여인은 끝내 심장마비로 죽고 만다. 아만다 사이프리드 주연의 영화 「인 타임」(2011)의 줄거리다.

과학기술이 극도로 발달한 시대라 피부에 시계를 이식한 채 태어난 인간은 스물다섯 살이 되는 날, 노화가 멈추는 대신 1년이라는 시한이 카운트되어 시한부 인생이 시작된다. 근무의 대가로 돈 대신 시간이 주어진다. 일자리가 없으면 시간을 벌지 못하고 인생은 다급해지다가 인체의 시계마저 멈추고, 신체의 모든 세포는 결국 작동을 멈춘다. 죽지 않기 위해 시간을 벌어야만 하는 절박한 상황. 시간을 유산으로 물려받지 못한 데다 시간을 벌기조차 힘든 '타임 푸어'들은 시간 비용을 아끼기 위해 오늘도 뛰어야 산다.

이 영화는 '시간 = 돈'(Time is Money)이라는 공식을 활용해서 우리 삶의 비용을 모두 시간으로 치환해 버렸다. '그래서 행복하니? 시간은 돈이니까 살 만하니?'라고 영화는 질문한다. 우리는 '솔직히 그건 아니라고' 고백한다.

시간은 최대 비용이다

"시간은 돈이다."라는 말의 출처는 벤저민 프랭클린(Benjamin Franklin, 1706-1790)이 쓴 『젊은 상인에게 충고함』(1748)으로 알려져 있다. 그는 부자였는데, 그 성공은 『가난한 리처드의 달력』(1743)이라는 명언집이 이후 15년간 계속 베스트셀러가 되었기 때문이라는 후

문도 있다. 하지만 그 명언집의 상당 부분이 다른 출판물에서 베낀 것이거나 고친 것이라는 점을 감안한다면, 이 명언의 출처도 다른 곳이 아닐까 의심스럽다. 그도 그럴 것이 고대에도 시간에 대한 열띤 고민이 많았기 때문이다.

디오게네스 라에르티오스의 『희랍 철인 열전』(5권, 2. 40)에 이런 문구가 나온다. "그는 끊임없이 말하였다, '시간은 최대 비용이다 (πολυτελὲς ἀνάλωμα εἶναι τὸν χρόνον.)'라고."

인용문에서 이 말을 한 '그'는 테오프라스토스(BC 372-287)다. 그는 플라톤에게 잠시 배웠으며 거기서 아리스토텔레스를 알아 함께 학파를 형성하다가 후일 후계자가 된 인물이다. 고대에 알려진 최대 저술가로서, 논리학, 형이상학, 자연철학, 윤리학, 정치학, 수사학, 시학 그리고 철학사와 관련한 수많은 작품들을 남겼다.(『희랍 철인 열전』 5권 42 참고.) 아쉽게도 그중 현존하는 것은 두 개의 생물학 관련 저작과 몇 개의 짧은 자연과학 저술들뿐이다.

하지만 테오프라스토스가 학원 뤼케아를 이끌 당시 그곳에서 공부하는 학생들이 가장 많았다고 하니, 그의 박식함에 혀를 내두르게 된다. 게다가 그런 사람이 "시간은 돈이다."라고 끊임없이 말하고 다녔다니 그 의도 역시 자못 궁금하다.

우리는 지금 시간 관리가 무엇보다 중요한 시대를 살고 있다. 그런데 정말 시간이 돈인지, 그 반증 사례가 갈수록 많아지는 것 같다. 시간을 아껴서 열심히 일해도 여전히 가난한 경우가 훨씬 더 많으니 하는 말이다. 단적인 예가 '워킹 푸어'(근로 빈곤층)는 대부분

"시간은 최대 비용이다." —테오프라스토스

ΘΕΟΦΡΑΣΤΟΣ
ΜΕΛΑΝΤΑ
ΕΡΕΣΙΟΣ

armore antiquo, olim in Ædibus Cardinalis
ximi Romæ, nunc in Mufeo R. Mead. M.D.   *J. Richardson.*

'타임 푸어'(시간 빈곤층)다. 시간을 아껴 가며 하루 벌어 하루 먹고 살지만 그 아낀 시간이 돈이 되지 못한다. 이런 참혹한 현실 속에서 제정신이 아니고서야 누가 감히 일을 안 하고 게으르니까 가난하다고 말한단 말인가.

그런데 이 같은 시간 부족의 속도는 갈수록 증가하고 있다. 이제는 빈부를 막론하고 시간 부족은 사회 공통의 현상이며 시간을 벌려고 질주를 넘어 폭주하고 있다. 무엇이 잘못된 것일까? 그러니 시간과 돈에 대한 보다 엄밀한 분석이 필요하다. 하지만 테오프라스토스의 남은 저작에서는 더 이상 이에 대한 언급을 찾을 수 없다. 우회하는 수밖에.

시간의 신 크로노스 vs. 돈의 신 플루토스

고대 희랍에서 생각한 "시간은 돈이다."라는 말에서, 두 개의 명사 '시간'과 '돈'은 모두 희랍의 신이었다. 이미 신화시대부터 시간과 돈에 대한 숙고가 많았음을 알 수 있다. 시간의 신은 크로노스고, 돈의 신은 플루토스였다. 일단 이 신들의 관계를 살펴보자.

데메테르 여신은 크레테의 풍요로운 땅, 삼모작도 가능한 대지에서 영웅 이아시온과 사랑에 빠져 전 대기와 바다의 넓은 등을 넘나드는 친절한 플루토스를 낳으셨다. 그를 만나 팔로 잡은 인간에게 그는 부와 번영을 내리신다.

— 헤시오도스, 『신통기』(969)에서

농업의 신 데메테르는 크로노스의 딸이다. 이 여신이 플루토스를 낳았다. 그렇다면 크로노스는 플루토스의 할아버지뻘이다. 크로노스를 묘사하는 조각상이나 그림에서 이 신은 낫을 들고 있다. 낫은 거세의 도구고, 포도를 수확하는 농기구기도 하다. 우리는 농경의 도구인 낫과 관련하여 시간의 신 크로노스에게서 시간의 순환성을 볼 수 있다.

이런 생각은 이후 베르길리우스의 『농경시』에서도 나타난다. "마치 낫처럼 스스로에게 되돌아오는 시간." 농업에 의존했던 고대인들에게 시간은 순환하는 것이었다. '고대인들의 농경은 자연의 순환에 맞추어야 한다.' '자연의 순환을 모방하는 것에서 그들의 노동이 탄생한다.' 이것이 헤시오도스의 『일과 나날』이 말하는 근무 조건이다. 그가 당부하는 한 가지는 자신의 책의 제목에서 나타나듯, 자연의 운행('나날')을 따라 공감하는 방식(모방)으로 살아야 인간의 삶('일')은 열매(부)가 있다는 것이다.

시간의 가역성

그런데 덧붙여서 흥미로운 사실은 크로노스가 아버지에게 반역을 일삼았고, 자신도 자식을 삼키고 내뱉었던 신이라는 점이다. 그래서 제일 나중에 나온 크로노스의 자식 제우스는 손위 형제들보다 나이가 더 많다. "먼저 된 자 나중 되고 나중 된 자 먼저 되는" 시간의 가역성은 이 거세의 도구로 나타난다. 가역(可逆)은 역방향이다. 그런데 시간의 역방향은 일순간(찰나)에 발생했다가, 다시 원래의 순환을 반복한다.

크로노스가 그저 모든 이에게 순환하는 것은 아닌가 보다. 생각해 보자. 오랜만에 만난 동창, 초등학생 시절 그 친구보다 키도 크고 공부도 잘해서 우쭐했던 내가 지금은 최강의 동안(童顔)으로 내 앞에 앉아 있는 동기와 마주하고 있다. 그 순간 그에게서 뿜어져 나오는 시간의 가역성. 하지만 그나 나나 다시 시간의 순환 속에 들어가 여전히 함께 늙어 가고 있다.

맹목적인 플루토스의 지배 아래에서

이제 돈의 신 플루토스를 생각해 볼 차례다. 비록 미완성이긴 하지만 기원전 388년, 이 신의 이름을 제목으로 『플루토스』라는 최후의 작품을 쓰고 죽은 유일한 작가가 있다. 희랍의 희극작가 아리스토파네스(BC 448-380년)다. 그는 이 작품을 통해 제우스가 플루토스의 눈을 멀게 했고, 그러다 보니 세상은 온통 혼란스러워졌다고 말한다. 플루토스가 착한 사람과 나쁜 사람을 구별하지 못한 채 부자로 만들었기 때문이라는 것이다. 우여곡절 끝에 시력을 되찾은 플루토스는 그제야 각자에게 돌아갈 돈을 준다.

하지만 이제 또 다른 혼란이 찾아온다. 이전에 사람을 팔아 부자가 됐던 고발인, 돈 때문에 곁에 둘 수 있었던 젊은 애인을 잃게 된 사모님들이 갑자기 가난뱅이가 되어 '돈의 신'에게 따지러 온 것이다. 그뿐만이 아니다. 자신에게 아무도 제물을 바치지 않자 굶주리게 된 장사의 신 헤르메스, 마찬가지로 신전에 제물이 줄어들어 배가 고픈 제우스의 사제들도 찾아온다. 그야말로 플루토스의 주변은 야단법석이다. 더군다나 이전에 신을 찾던 정직한 사람들도 부자가 되어서는 더 이상 제사를 지내지 않는다. 이들은 부자가 되어 신을 찾을 이유가 없었고, 사악한 사람들은 제사를 지낼 돈이 없어졌다. 그래서 신들은 굶주리게 되었다.

신들은 플루토스가 장님일 때를 더 좋아했다는 아리스토파네스의 생각은 헤시오도스에게서도 일관되게 나타난다. "부는 훔칠 수 없으니 신으로부터 주어지는 것이 매우 좋으니라."(『일과 나날』, 320.) 지금은 시간의 가역성을 통해 그 아버지 크로노스를 거세하고 권력을 잡은 제우스가 플루토스를 눈멀게 한 상태다. 그래야 사람들은 제우스를 섬기고, 장사의 신 헤르메스도 제 역할을 하게 된다.

기쁨과 슬픔은 별들이 궤도를 돌 듯이 돌아가며 모두를 방문한다. 마치 장님인 플루토스와 같다. 어느 것도 인간에게 영원히 머물 수는 없다. "신들이 곧 사람을 흩어 놓고 집을 낮추시며 부는 잠시 동안만 사람을 시중듭니다."(헤시오도스, 『일과 나날』 326.) 부는 특정

인에게만 영원히 머물지 않는다. 수레바퀴처럼 돌 뿐이다.

> "무엇보다도 먼저 인간사는 수레바퀴처럼 돌고 도는 것이어
> 서 같은 사람이 계속 행운을 누리게 하지는 않는다는 점을 통
> 촉하시옵소서."
>
> ― 헤도로토스, 『역사』(1권 207)에서

이런 이야기들은 단지 시적인 비유가 아니다. 인간의 운명은 우주의 순환과 연결되면서 시간의 이미지들을 만들어 냈다. 그 시간의 이미지인 크로노스는 자식들을 잡아먹는다. 그렇게 모든 것을 삼킬 뿐이다. 크로노스 신이 플루토스일 때가 좋은가? 이 말을 탈신화화해 보자. 시간이 돈일 때가 좋은가? 그 대답은 이렇다. 크로노스(시간)의 자식들인 우리는 플루토스(돈)의 지배 아래에 있는 대가로 처참하게 단명(短命)한다.

고대인들이 꿈꾸었던 시간

영화 「인 타임」도 인간이 스물다섯 살이라는 나이로 단명한다고 설정했다. 시간으로만 거래되는 인간의 수명! 단명이 싫다면, "시간을 훔쳐라!" 영화의 최종 결론이다. 그렇다면 시간을 훔치는 길은? 크로노스가 바로 플루토스라고 말하면서 고대인들이 꿈꾸던

그 꿈은 무엇인가?

또 하루, 나는 늙어만 간다. 나는 해마다 그 끔찍한 크로노스, 내 나이에 의해 삼켜진다. 그리고 언젠가는 나를 낳은 이 땅으로 돌아갈 것이다. 그 순환의 사슬에 한 일원이 될 것이다. 하지만 지금 나는 삼켜지는 것이 아니라 '나이'를 먹는다. 먹히는 게 아니라 그 끔찍한 크로노스를, 그 시간을, 그 나이를 나는 삼킨다고 다짐한다. 그렇게 우리는 해마다 시간의 혁명을 꿈꾼다.

자문해 본다. 지금은 시간의 안전한 순환이 필요할 때인가? 아니면 시간의 역행이 필요할 때인가? 어떤 사람들은 인생 농사의 결실을 가져오는 태양의 질서 정연한 운행과 그 "계절의 시간에 맞춘 노동"(호로아 에르가)에서 시간의 수레바퀴와 돈의 수레바퀴가 동일하기를 원할 것이다. 또 어떤 사람들은 말할 것이다. 그 수레바퀴에 역행이 발생해서 제발 부의 분배가 바뀌게 해 달라고, 한순간만이라도……

하지만 그 순간이 끝나면 잠시 거꾸로 돌았던 이 수레바퀴는 다시 운행을 시작한다. 부는 가역성이 있기에 누구도 자만할 수 없다. 시간의 순환이 있기에 누구도 한량일 수 없다. 인생이라는 이름의 전차는 그 두 개의 수레바퀴, 그러니까 한쪽에서는 시간의 순환성과 부의 올바른 분배라는 바퀴, 다른 한쪽에서는 시간의 가역성과 부의 맹목적 분배라는 바퀴로 굴러간다. 인생은 시간의 순환과 찰나적 역행에서 오는 것이기 때문이다. 크로노스의 거세와 플루토스의 맹목으로……

시간을 혁명하다

지금까지 너무 거창한 말을 했다. 시간의 순환성에 갇혀 살다가 찰나적 가역을 경험한 한 여인을 소개하겠다. 그녀는 부모로부터 세 살 때 보육원에 맡겨진다. 그녀의 왼쪽 얼굴은 태어날 때부터 커다란 붉은 점으로 덮여 있었다. 다른 친구들에게는 두세 명의 후원자가 있었지만, 그녀는 버림받아 후원 한 번 못 받고 유년 시기를 서럽게 보낸다. 그녀의 얼굴을 본 사람들은 돌아섰기 때문이다.

그러던 어느 날, 지루하리만치 끔찍한 크로노스의 아가리에서 역행을 경험하는 순간이 찾아왔다. 열 살 때 어느 후원자가 그녀에게 던진 한마디 때문이었다. "사랑한다." 그 순간 그녀에게 크로노스의 순환은 잠시 역행을 한다. 그리고 달라진 인생의 순환이 일어난다. 남들처럼 가정을 꾸미고 예쁜 딸 둘을 낳는다. 그런대로 시간의 순환 속에 묻힐 즈음, 이제는 자신이 직접 시간의 혁명을 시도한다. 자신을 버린 엄마를 향해 이런 고백을 한 것이다.

나를 가슴에 품고 얼마나 당신은 아프고 무서웠습니까? 아기를 낳았지만 낳았다고 자랑도 못 하고 손가락질받고 얼마나 아픈 눈물을 삼키셨습니까? 태어나자마자 당신에게 아픔을 드려 죄송합니다. 이런 저를 낳아 주셔서 감사합니다.

우리는 어떤 꿈을 꾸는가? 플루토스에 너무나 집착하느라 시

시간은 순환하는데 돈은 맹목적이다.

이제는 외쳐 보자.

"나는 소망한다, 내게 금지된 시간의 가역을."

간의 순환성에 매몰된 것은 아닌가? 시간은 돈이다. 시간은 순환하
는데 돈은 맹목적이다. 이제는 외쳐 보자. "나는 소망한다, 내게 금
지된 시간의 가역을."

나는 시간을 가역할 수 있다. 오늘도 나는 나이를 먹는다, 시간을 집어삼킨다. 시간의 가역을 꿈꾸며. 가역의 순간을 많이 만들자. 어차피 시간은 또다시 순환할 테니, 내 운명을 농단하려는 시간의 신은 또 찾아올 테니까. 올 테면 오라고, 나는 시간을 혁명한다. 그리고 고백해 보자. "저를 낳아 주셔서 감사합니다." 시간의 가역을 꿈꾸며.

17 금도끼
은도끼

**'솟아오름'의 기적은
선택에 달려 있다**

전래 동화 「금도끼 은도끼」

가만히 정지해 있다, 단숨에 급소를 낚아채는 매부리처럼
불타는 쇠번개 소리 짝, 허공을 두 쪽으로 가르면
갓 뜬 회처럼 파들파들 긴장하던 공기들, 저미는 날에 묻어나
　　던 생기들

　　　　　　　　　　　　　　　　—손택수, 「녹슨 도끼의 시」에서

어느새 나무 한 짐 지어다 놓고, 서까래라도 쓸 양 눈독 들였
던 굵은 나무에 오른쪽부터 도끼날을 총총 들이박는다. "나무는 저
를 짜갠 도끼날에 향을 묻힌다." 당신은 닳아 반질반질 윤이 나는
이 도끼 자루를 좋아했다. 손에 익은 그 자루를 쥐고 좌에서 우로,

"헤르메스 신은 저 사람의 이런 몰염치를 싫어하여
금도끼를 주지 않았을 뿐만 아니라,
그의 도끼도 돌려주지 않았다."
이솝에 따르면, 불의란 거짓말을 하고서도
부끄러운 줄 모르는 것, 즉 몰염치다.

우에서 좌로 사정없이 휘갈기는 동작을 반복한다. 서슬이 숙어 들수록 당신의 눈엔 핏발이 선다. 한순간 초점을 잘못 잡자 몸의 중심이 어긋났다. 아뿔사, 손에 땀이 차자 날아가 버린 도끼. 도끼가 날아간 곳, 당신은 뚫어져라 쳐다본다. 그 강물은 무심하게 고요하다.

한나절이나 지났을까, 설움에 겨운 당신은 강둑에 힘을 잃고 서 있다. 바람이 머릿결을 간지럽힌다. 도끼날의 청량한 울음소리가 들렸다. 조그마한 쇳조각도 얻기 힘든 시절, 다른 도끼를 얻으려면 맨손으로 사나흘 나무를 꺾어야 도끼 삯을 마련할 수 있다. 눈물이 어렸다. 이 이야기는 우리가 너무 잘 아는 전래 동화 「금도끼, 은도끼」를 필자 스타일로 전달한 것이다. 동화에서는 바로 이때 산신령이 등장한다.

이솝 우화 「헤르메스와 나무꾼」

그런데 동일한 내용이 이솝 우화에도 있다. 산신령만 헤르메스 신으로 바뀌었을 뿐 너무 똑같은 내용이라 좀 놀랍지만, 우리나라에는 1895년에 만든 최초의 신식 교과서 『신정심상소학(新訂尋常小學)』에 일곱 편의 이솝 우화가 소개되면서 「금도끼, 은도끼」가 퍼졌다고 한다. 그런 점에서 이솝 우화가 이 이야기의 원본인 것 같다. 이솝(희랍어로는 아이소포스)의 생애에 대해선 정확하게 알려진 바 없지만, 기원전 6세기의 노예로 추정되는데 헤로도토스의 『역사』(2권

134장)에서 그렇게 언급되기 때문이다. 이솝은 우화에 나오는 모든 이야기를 직접 창작한 것은 아닌데, 어떤 이야기들은 이솝 이전 시대부터 내려오던 것이고, 또 어떤 이야기들은 죽고 난 이후에 기록된 것도 있다.

이솝의 이름으로 전해진 이야기를 20세기 학자인 벤 에드윈 페리(Ben Edwin Perry, 1892-1968)와 로드리게스 아다르도스(Rodriguez Adardos)는 출처에 따라 '희랍 우화'와 '라틴 우화'로 분류하고 또 그 우화의 '저작 시기'로 구분한 후, 알파벳 순으로 모든 우화에 번호를 붙였다. 이것을 '페리 인덱스(Perry Index)'라 한다. 그중 「금도끼, 은도끼」는 희랍어 버전과 라틴어 버전이 모두 있고, 희랍어 버전도 여러 종류가 있다.

희랍인들은 우화를 '뮈토스(μῦθος)'라 불렀다. 뮈토스를 갖고 만들어진 영어의 'myth'는 신화를 주로 의미하지만, 우화라는 의미의 '뮈토스'는 신화라기보다 우리나라의 '옛날이야기'에 해당된다. 그래서 로마인들은 '뮈토스를 이야기를 뜻하는 'apologus'라 옮겼다. 그렇다면 우화와 명언(παροιμία, adagia)의 차이점은 무엇일까?

가장 큰 차이로 우화는 완결된 이야기인 데 비해, 명언은 결론을 포함하지 않은 간단한 문장이나 문구로 되어 있다는 점이다. 명언도 사실 유명해지기 전에는 앞뒤가 있는 완결된 이야기로 전체 줄거리가 전해지다가, 단문으로도 그 의미를 알 수 있는 시기가 되었을 때 비로소 명언 반열에 들어간다. 대표적인 명언이 바로 '금도끼, 은도끼'다. 이 명언은 원래 우화였다. 「헤르메스와 나무꾼」이라는 페리 인덱스 173번 우화가 유명해지면서 거기에 나오는 문구 '금도끼, 은도끼(χρύσεος πέλεκυς, ἀργύρεος πέλεκυς)'만 갖고도 무엇을 뜻하는지 알게 되자 명언이 된 것이다. 그런 점에서 명언을 수집했던 인문주의자 에라스무스는 명언을 '축소된 우화'라 부르기도 한다.

'불의와 몰염치'라는 표층적 해석

그렇다면 명언이 된 '금도끼, 은도끼'가 오늘날 우리에게 주는 교훈은 무엇일까? 이것을 알기 위해 우선 희랍어 판본『이솝 우화』에서「헤르메스와 나무꾼」의 결론부터 보자.

> 헤르메스는 그의 의로움에 대한 보상으로 모든 도끼를 그에게 선물했다. (……) 이 이야기는 신이 의로운 자들을 돕고 불의한 자들과 맞선다는 것을 보여 준다.
> — 에밀 샹브리,『이솝 우화』(253)에서

이 우화의 결론에서 보듯, 한 나무꾼이 자신이 잃은 도끼뿐만 아니라 금도끼, 은도끼까지 얻게 된 이유는 오직 하나 '의로움' 때문이었다. 그 반대도 성립하는데, 또 다른 나무꾼이 자신의 도끼를 잃고 다시 얻을 수 없었던 이유는 '불의' 때문이었다. 이것을 알기 쉽게 요약해 보면 다음과 같다. (동요「산토끼」에 아래와 같은 가사를 붙여 보자.)

> 나무꾼 A: 쇠도끼 내 도끼 어디로 갔느냐 윙윙 풍덩 날아서 어
> 디로 갔느냐 (x2)
> 나무꾼 B: 쇠도끼 강물에 일부러 던져서 번쩍번쩍 금도끼 얻
> 어서 올 테야 (x2)

여기서 이 우화에서 말하는 불의가 과연 무엇인지 의문이 생긴다. 다행히 이솝은 이 '불의'에 대해 다음과 같이 말하고 있다. "이 신은 저 사람의 이런 몰염치를 싫어하여 금도끼를 주지 않았을 뿐만 아니라, 그의 도끼도 돌려주지 않았다." 불의한 나무꾼은 의로운 나무꾼이 금도끼, 은도끼까지 덤으로 얻게 되었다는 말을 듣자 기어이 자신의 도끼를 일부러 물에 빠뜨린다. 그리고 헤르메스가 금도끼를 보여 주자 그것이 자신의 도끼라고 거짓말을 한다. 이와 같이 자신의 것을 속이는 행위가 바로 불의인데, 이것을 이솝은 '몰염치(ἀναίδεια)'라고 덧붙여 말한다.

라틴어 판본(Steinhowel, 『이솝 우화』 6.13)에서는 이것을 "몰염치와 거짓말(impudentia ac mendacio)"이라 옮기면서 '거짓말'이라는 낱말 하나를 덧붙이고 있다. 한마디로 불의란 거짓말을 하고서도 부끄러운 줄 모르는 것, 즉 몰염치다. 그 대가는 참으로 가혹했으니, 어떠한 보상도 없었다. 몰염치에는 손해만 있을 뿐이다. 몰염치는 거짓말로 꾀부리다가 가진 것마저 사라지게 만들 뿐이다. 그리고 그 몰

고대 로마공화정 시절, 집정관의 길나장이들이
들고 다니던 특이한 것이 있었다.
바로 도끼를 나무 다발과 같이 묶어서 들고 다니던 파스케스.
이것은 집정관의 권위를 표시하기 때문에
일반적으로 '권표(權標)'라고 옮긴다.

염치는 거짓을 반복하게 만드는 원흉이 된다.

'의로움과 권력'이라는 심층적 해석

이번에는 첫 번째 나무꾼이 잃은 것 이상으로 금도끼, 은도끼까지 얻게 된 이유, 그러니까 '의로움'에 대해 살펴보자. 의로운 나무꾼은 금도끼와 은도끼가 너의 것이냐는 헤르메스의 질문에 자신의 것이 아니라고 단호하게 말한다. 곧 자신의 것에 대한 정확한 고백 때문에 잃어버린 도끼 외에도 결국 금도끼와 은도끼까지 거저 얻게 된 것이다. 그런데 여기서 한번 생각해 보자. 왜 하필 자신의 것에 대한 소재가 도끼였을까?

고대 로마공화정 시절, 집정관의 길나장이(lictor)들이 들고 다니던 특이한 것이 있었다. 바로 도끼를 나무 다발과 같이 묶어서 들고 다니던 파스케스(fasces)였다. 이것은 집정관의 권위를 표시하기 때문에 일반적으로 '권표(權標)'라고 옮긴다. 이후 이것은 파시즘 (Fascism)의 뿌리어가 되었다. 그러니까 파시즘이라는 말은 도끼와 관련이 있다.

그런데 도끼를 권위의 상징으로 여긴 것은 비단 로마나 이탈리아만의 현상이 아니다. 조선 시대, 국왕의 행렬에 의장대가 각종 의장품들을 들고 동원되었는데, 그중 금부(金斧)라는 것이 있었다. 나무 도끼에 날을 반월형으로 만들어 금색 칠을 했다고 한다. 무기로서의 역할보다는 국왕의 권위에 대한 상징 역할만 하는 것이다. 이렇듯 과거에는 동서양을 막론하고 도끼가 권위를 상징하는 도구였다.

그렇다면 도끼가 어떻게 권위의 상징이 되었을까? 철기 이전의 선사시대부터 돌도끼는 고대 인류의 중요한 생계 수단이었다. 도끼는 사냥을 위해서도 필요했지만, 고대인들은 사냥된 동물을 고기, 가죽, 뼈 등으로 찢어 나누는 도구가 필요했다. 그때 사냥감을 해체하는 역할은 사냥에서 가장 뛰어난 공을 세운 자, 그러니까 사냥을 지휘했던 우두머리가 맡는다. 도끼를 뜻하는 한자 '부(斧)' 자도 아버지, 즉 가솔의 우두머리가 고기를 근(斤: 도끼 근, 무게 근) 단위로 식솔들에게 나누어 주었다는 것을 말해 준다.

권표나 금부는 선사시대부터 고기를 나누어 주던 관습이 역사시대에까지 전해 내려와 의장화된 것이 도끼를 통해 상징적으로 남게 된 것으로 추정된다. 그렇다면 '금도끼, 은도끼'에서 뮈토스적 요소를 벗겨내고 '탈신화화'(독일어 Entmythologisierung)한다면, 금도끼와 은도끼는 금에 해당하는 권력, 은에 해당하는 권력을 말하는 것이다.

그러므로 헤르메스가 금도끼와 은도끼를 주면서 물어본 질문은 금과 같은 권력, 은과 같은 권력을 가질 것이냐는 것이다. 그리고 자신의 권력은 그런 것이 아니며, 자신이 늘 휘두르던 쇠도끼만큼의 권력이면 된다는 나무꾼의 정직한 대답에 헤르메스는 금과 은의 권력까지 맡긴 것이다.

이솝은 '솟아(αναー)올랐다.'는 단어를 반복적으로 사용한다.
우리도 이런 솟아오름을 날마다 경험하고 있다.
아침에 솟아오르는 태양은 암흑에 빠졌다가
다시 떠오르는 기적의 기회다.
호숫가에 솟아오르는 달 또한
현실을 넘은 기적의 세계를 수면 위에 펼쳐 놓는다.

금도끼 은도끼

'솟아오름'의 이변

'금도끼 은도끼'에서 또 하나 생각할 것이 있다. 이솝 우화에 나오는 다음의 글에 주목하자.

> 헤르메스가 이유를 알자 그 사람을 불쌍히 여기고, 강물 아래로 내려갔다가 금도끼를 들고 솟아올랐다. (……) 다시 아래로 내려갔다가 은도끼를 들고 솟아올랐다. (……) 세 번째 아래로 내려갔다가 그의 것을 들고 솟아올랐다.

이 우화에서 상실의 비극과 함께 세 종류의 도끼가 물속에서 위로 솟아오른다. 이솝은 '솟아(ἀνα–)올랐다.'는 단어를 반복적으로 사용한다. 갑자기 강바닥에서, 그러니까 생계의 가장 중요한 수단을 상실한 절망의 심연에서, 기적은 '솟아오름'에서 시작한다. 우리도 이런 솟아오름을 날마다 경험하고 있다. 아침에 솟아오르는 태양은 암흑에 빠졌다가 다시 떠오르는 기적의 기회다. 호숫가에 솟아오르는 달 또한 현실을 넘은 기적의 세계를 수면 위에 펼쳐 놓는다.

나뭇꾼은 날마다 꿈의 세계를 보았다. 수면의 일렁거림에 따라 햇빛은 아른아른 흔들리면서 물가에 흰빛을 뿌려놓는다. 그때 물가에 비친 태양 뒤로 하늘이 스미면서 강물은 하늘이 된다. 강물 속 물고기는 새가 되고, 하늘의 새는 또 물고기가 된다. 강물이 하늘이 되고 하늘이 강물이 되는 벅찬 꿈이 가득한 곳에서 우리는 기적을 소망하게 된다. 아니, 더 이상 권력도, 재력도, 명예도 사라지고 새로 솟아나는 힘을 얻게 된다. 뭐가 부끄러움인지 아는, 그래서 나의 찌꺼기 같은 먼지들을 씻고 원래의 순수를 되찾게 된다. 그제야 비로소 나는 기적을 맛본다.

선택이라는 관문

그런데 솟아오름에서 기적은 질문에 대한 대답과 관련된다. 헤르메스의 질문 방식을 보자. 헤르메스는 무슨 까닭인지 선택형으로 질문을 했다. 그냥 나무꾼의 도끼를 주는 게 아니라 '이것이 네 것이냐, 저것이 네 것이냐?'라는 식으로 질문을 했다. 차라리 "옜다, 네 것이다." 말하면 좋으련만, 이솝은 그렇게 이야기를 풀지 않는다. 왜 그러는 걸까? 그것은 바로 솟아오름이 기적이 아니라 반드시 다음 단계인 선택을 거치기 때문이다. 다음 시를 통해 도끼와 선택의 문제를 생각해 보자.

호미를 손에 쥔 열 달의 시간보다
도끼를 손에 쥔 짧은 순간의 선택이,
적절한 추위가,
붓이 아닌 도끼로 씌어진 생활이 필요한 때라 한다
무엇을 베어 낼 것인가, 하루에도 몇 번씩

내 안의 잡목 숲을 들여다본다

— 나희덕, 「도끼를 위한 달」에서

내 본연의 도끼(쇠도끼)와 욕망의 도끼(금도끼, 은도끼)를 정확히 칼로 무 베듯이 구분하여 선택하는 게 호락호락하지는 않다. 쇠도끼를 사용한 이후 얼마나 많은 사람들이 단 한 번의 선택을 도끼질해서 웃고 울었을까. 단 한 번의 선택으로 누구는 금과 은까지 선물받고, 단 한 번의 선택으로 누구는 있는 도끼마저 잃게 됐다. 또 그런 도끼질이 지금도 계속된다.

어디 보자. 나의 도끼질은 꿈을 실현해 줄 것 같은지, 나의 도끼날은 여전히 쓸 만한지, 도끼날이 무뎌진 것은 아닌지. 아니, 빈 도끼 자루만 덩그러니 움켜쥐고 도끼질을 하고 있지는 않았는지. 아니면 여기 나무꾼처럼 도끼날이 물에 빠졌는지. 설령 내가 온전한 도끼를 가지고 있다 해도 꿈만 가지고는 그 꿈이 실현되지 않는다. 도끼질을 해야 한다. 도끼질을 하자. 도끼질을 하자. 하지만 짧은 순간의 선택, "가만히 정지해 있다 단숨에 급소를 낚아채는" 도끼질을 할 때 의욕이 앞서면 중심만 잃을 뿐. 어찌 됐든 내가 휘두르던 도끼가 지금 성하지 않은 것 같다.

그래서 이제는 겸손히 도움을 청할 시간이다. 인생의 교훈, 물에 빠진 도끼날을 건져 올리는 기적이 없으면 우리 인생은 여기서 멈추어야 한다. 그러니 겸손히 빈손으로 나아가 솟아오르는 도끼가 나의 도끼인지부터 살피자. 잃었을 때 아픈 줄 아는 마음이 있는지

챙겨 보자. 내가 잃은 것이 무엇인지부터 정직하게 말하자. 그건 내 것이 아니라고, 나는 그 권한을 감당할 능력이 없다고, 나의 것만 허락해도 감사하다고. 실패에도 불구하고 솟아나는 순간은 항상 반복된다, 일부러 거짓 도끼질만 안 하는 이상 그렇다.

당신은 지금 나무를 베고 있다. 속절없이 오늘도 나무를 잘라야 하루를 살 수 있다. 강가에서 나무를 하다 도끼를 강에 빠뜨린다. 얼마나 속상한지 강둑에서 울고 있다. 실패에도 불구하고 솟아나는 순간은 항상 반복이다. 내 도끼를 선택할 때, 그 반복은 기적이 된다. 잃은 내 도끼는 무엇이고, 찾은 내 도끼는 과연 무엇인지 그 마음을 챙기자, 그 급소를 총총 들이박자. 들이박자.

18 낙수가 바위를
뚫는다

모진 삶 속에서 꽃핀
오비디우스의 변신

그날 밤을 떠올릴 때마다

로마를 떠나는 이 마지막 밤
슬픈 모습 내 마음속을 거닌다.
귀중한 것 많이 남겨 둔 그날 밤을 떠올릴 때마다
나의 두 눈엔 눈물이 흐른다.
어느새 인적도 없고 개 짖는 소리도 그쳤으니
달님은 하늘 높이 밤의 마차를 달리는구나.
달을 우러르니 거기 보이는 카피톨리노 신전
우리의 수호신이 가까이서 지켜 주고 있구나.
  ― 요한 볼프강 폰 괴테, 『이탈리아 기행』(1788년 4월 14일)에서

『이탈리아 기행』에서 로마를 떠나는 날, 괴테는 한 사람을 떠올린다. 어느 날 느닷없이 로마를 떠나 흑해로 유배를 가야 했던 오비디우스(Publius Naso Ovidius, BC 43~AD 17). 『이탈리아 여행』에서 괴테는 기억에 의지해 오비디우스 시를 소개하면서 대단원의 막을 내린다. 괴테는 "그날 밤을 떠올릴 때마다" 머나먼 흑해 연안에서 슬픔과 한탄에 빠져 고향을 그리워하며 시를 읊던 오비디우스의 처지가 자신의 머릿속에서 떠나지 않았다. 그리고 정확히 기억할 수는 없다면서, 괴테가 되뇌던 시가 바로 오비디우스의 이 시다.

오비디우스가 귀양의 설움을 달래며 로마를 떠나던 밤을 회상하고 노래했던 『슬픔』 1권의 세 번째 시. 적어도 괴테는 오비디우스의 귀양살이에서 겪은 설움을 공감할 줄 아는 사람이었다. 유배지를 떠올려 보자. 흑해는 스퀴타이족이 사는 땅. 책을 구할 수도 없고, 교류할 식자층도 없었으며, 겨울바람은 매섭기만 했다. 로마에 아내를 홀로 두고 온 오비디우스는 죽을 때까지 혼자였다. 하지만 고독과 우울 속에서도 오비디우스는 말을 하고 싶어서 로마에 있는 친구들에게 숱하게 편지를 쓴다. 그래서 탄생한 작품이 『흑해에서 보낸 편지』다. 이 편지글 중에 우리에게 가장 잘 알려진 명언 "낙수가 바위를 뚫는다.(Gutta cavat lapidem)"(4권 10장 8절)가 포함되어 있다.

추방당한 시인의 설움

"낙수가 바위를 뚫는다."는 명언은 오비디우스의 귀양살이 중에 나온 말임을 명심하자. 시인의 심정을 보다 정확히 헤아리기 위해서라도 그가 대체 왜 귀양살이를 갔는지 알아야 한다. 갑작스러운 호출에 황급히 황실에 들어갔던 오비디우스는 황제의 사저인 황실 법정에서 유배형을 선고받는다. 그 유배지가 흑해 연안의 토미즈, 지금의 루마니아 콘스탄차였다.

그동안 오비디우스의 유배는 아우구스투스 황제의 윤리 개혁 때문이라는 것이 정설이었다. 그러니까 오비디우스가 발표한 『사랑』, 『사랑의 기술』, 『사랑의 치유』와 같은 연애시가 국가의 풍기 문란을 일으키고, 황제가 이루려는 국가 개혁에 지장을 주었다는 것이다.

하지만 여기에 뭔가 석연찮은 점이 있다. 그도 그럴 것이 황제가 즉위한 해는 기원전 27년인데, 『사랑』은 기원전 20년에, 『사랑의 기술』은 기원전 1년에 각각 발표되었다. 만일 이 연애시들이 풍기 문란을 일으킬 만하다면 발표 무렵에 죄를 다스리는 것이 마땅했을 것 아닌가. 그런데 오비디우스가 유배를 떠난 해는 『사랑의 기술』을 발표하고도 9년이 지난 시점인 기원후 8년이었다.

이 꺼림칙한 점을 살피기 위해 오비디우스가 직접 자신의 죄목이라고 언급하는 시를 보자.

노래와 실수라는 두 가지 죄목이 저를 파멸케 했지만

또 다른 허물에 대해서 저는 입을 다물었지요.

황제여, 저는 당신에게 상처를 되갚는 그런 사람은 아니니까요.

— 오비디우스, 『슬픔』(2권 207-209행)에서

이 시에서 죄목으로 밝히고 있는 '노래와 실수'란 여기서는 수사학적 表現, 즉 이어일상(二語一想; 重言法; hendiadys)으로 봐서 '실수한 노래' 정도로 옮긴다. 이것은 일반적으로 알고 있듯, 자신의 연애시가 풍기 문란에 해당한다는 오비디우스의 고백인 것 같다.

하지만 바로 자신이 추방된 '또 다른 허물'이 있다고 한다. 좀 이상한 것은 그 허물을 입 밖으로 발설하면 황제에게 상처를 줄 수 있다는 표현이다. 이런 거리끼는 구석 때문에 오비디우스를 연구한 프랭켈과 같은 학자는 유배형의 죄목을 '대역죄(大逆罪)'로 본다.

대역죄는 라틴어로 '마이에스타스 라이사(maiestas laesa)'로, 굳이 직역하면 '존엄한 자에 대한 침해 죄' 정도가 된다. 간단히 '렉스 마이에스타시스(Lex Maiestasis)'라고도 한다. 하지만 이 죄목은 죄를 확정하기가 상당히 모호해, 맘만 먹으면 어느 사람이든 국가에 불만을 품은 반체제 분자로 만들 수 있다. 오비디우스가 저지른 '대역죄'의 쟁점이 구체적으로 무엇인지 알 수 없지만, 그것에 대해 왈가불가하면 황제에게 치명적인 손상을 주는 것만은 확실했다. 그래서 오비디우스는 황제에게 되갚지 않고 침묵하겠다는 뜻이다.

시인은 시로 말한다 했던가. 오비디우스는 유배형을 받은 후 자신이 받은 '대역죄(maiestas laesa)'의 앞 낱말 '존엄(maiestas)'을 사용하여 자신의 심경을 다음과 같이 드러냈다.

> ─ 얼마나 친절한지, 어디서나 당신의 존엄(maiestas)은 ─
> 당신의 눈에 세상은 온통 이로울 따름이니
> 당신은 간통(adulterium)의 무대도 대수롭지 않게 보아 넘길 뿐
> 이죠.
>
> ─ 오비디우스, 『슬픔』(2권 512-514행)에서

오비디우스 자신이 침해했다고 하는 그 '존엄'은 참으로 친절한데, 그 구체적 행동은 '간통(adulterium)'의 무대도 눈감아 줄 정도였다. 단 그 존엄의 친절은 자신에게 이로울 때만 있는 법이다. 이 시에서 오비디우스는 '존엄'과 '간통'이라는 낱말을 사용하여 황실 법정의 만용을 꼬집고 있다. 그런 점에서 이 시는 풍자시다. (이 밖에도 오비디우스는 '대역죄(maiestas laesa)'의 뒷낱말 '침해'에 해당하는 라틴어 'laesa'를 자신의 시에 여든다섯 차례나 사용한다. 이 낱말은 유배 이후 작품인 『슬픔』과 『흑해에서 온 편지』, 『이비스』에 집중되어 있다. 이것은 다른 로마 시인들, 이를테면 프로페르티우스는 열여섯 번, 피불루스는 열한 번, 호라티우스는 열세 번, 베르길리우스는 열두 번 사용한 것에 비하면 상당히 많은 횟수임에 틀림없다.)

제정 초기 황실에서는 유독 대역죄와 간통죄가 많았다. 이상하지 않은가? 제정으로 바뀌면서 사람들이 무슨 최음제라도 먹지 않고서야 공화정 시기에는 별로 없던 이런 죄목이 어찌 극성을 부

린다는 말인가? 로마는 국가 시스템이 제정으로 전환되면서 원로원 법정과는 별도로 황실 법정이 운영되었다. 황실 법정은 공화정 시기에는 없던 법정이었다. 로마에는 가장의 권위에 기반한 '가족 법정(judicium domesticum)'이 있었기 때문에 황제가 가장인 황실에서 가족 법정은 자연스럽게 황실 법정이 되었다. 그렇다면 황실 법정에서는 도대체 무엇 때문에 대역죄와 간통죄 판결을 남발했던 것일까?

제정기가 시작되면서 황실에서는 제위 계승을 둘러싼 통제가 필요했다. 대역죄와 간통죄는 통제하기 유용한 수단이었다. 특히 아우구스투스에게 피를 섞은 남자 직계가 없고 딸 율리아만 있는 데다 그 딸은 아버지의 통제에 저항하고 있었다. 아우구스투스는 자신의 딸과 그녀에게 속한 사람들을 견제하는 기막힌 방법으로 대역죄와 간통죄를 십분 활용했다. 이 죄목으로 황실에서 율리아와 그녀의 수족을 색출하여 엄중히 처단한 때가 기원전 2년이었다.

그런데 그 율리아(Julia the Elder)의 딸 율리아(Julia the Younger), 그러니까 아우구스투스의 손녀에게도 간통죄가 선고된다. 기원후 8년에 있었던 이 선고로 소(小)율리아의 정부(情夫)로 알려진 실라누스(Decimus Silanus)는 가벼운 형을 받았고, 오히려 그녀의 남편인 파울루스(Aemilius Paullus)가 대역죄로 처단된다. 바로 그 시점에 오비디우스도 대역죄로 추방을 당한 것이다. 실라누스가 받은 선고는 'renuntiare amicitiam'이었다. '황제와의 우정을 끊는다.'는 뜻인데, 황실은 간통죄를 저지른 장본인 실라누스를 추방한 것이 아니라 황실과의 관계만 끊었다. 반면에 소율리아는 유배형을 받는다.

전해진 바에 따르면, 오비디우스는 파울루스와 친분이 있었고, 파울루스가 황제에 대한 저항에 실패하자 그 역시 멀리 타향 흑해로 유배된다. 제위 계승을 둘러싼 황실의 암투 속에서 오비디우스도 휘말리게 된 것이다. 황실에 있는 속 좁은 인간들이 실력이 없으면 황제가 되지 말든가, 아니면 실력 있는 사람에게 황제 자리를 내주든가 했어야 하는데, 말도 안 되는 스캔들을 만들어 가장 추앙받던 시인까지 추방한 것이다.

우리는 오비디우스가 황제를 향해 가진 억울한 심정을 그의 작품 여기저기서 읽을 수 있다. 하지만 시인은 자신이 받은 억울한 처사를 결코 토설하지 않는데, 아마도 황제가 받을 피해를 생각했기 때문인 듯하다. 그래서 "황제여, 저는 당신에게 상처를 되갚는 그런 사람은 아니니까요."(『슬픔』 2.209)라고 한 것이다.

모진 삶은 차돌보다 강하고

이제 오비디우스가 억울한 귀양살이 동안 했던 명언 "낙수가 바위를 뚫는다."를 살펴볼 차례다. 친구에게 쓴 편지가 이 명언이 등장하는 배경이다. 다음을 보자.

키메리아 해안에 있는 나에게 여섯 번째 여름이구먼.
게타이족의 가죽옷을 걸치고 있다네.

유배지에서 황제를 향한 오비디우스의 억울한 심정은
그의 작품 여기저기서 읽을 수 있다.
"또 다른 허물에 대해서 저는 입을 다물었지요.
황제여, 저는 당신에게 상처를 되갚는 그런 사람은 아니니까요."

여보게, 알비노바누스, 내 모진 삶을
어떤 차돌과, 어떤 강철과 비교할 수 있겠나?
낙수가 바위를 뚫는다. 반지라도 끼다 보면 가늘어지고,
굽은 쟁기도 땅의 마찰로 닳아진다네.
시간은 모든 것을 삼켜 파멸할 것이나, 나는 예외려니,
심지어 내 모진 삶에 삼켜진 죽음은 (내게) 꿈쩍도 못할 것이네.
— 오비디우스, 『흑해에서 온 편지』(4권 10장 1-8행)에서

위 시에서 "낙수가 바위를 뚫는다."고 할 때, '낙수'가 지시하는 것이 있다. 이 행의 앞뒤로 나오는 낱말 '모진 삶(duritia)'이다. 그 모진 삶은 '차돌'보다 강하기 때문에 '바위'도 뚫을 수 있고, '강철'보다 단단하기 때문에 '반지'도 가늘게 만들 수 있을 뿐만 아니라 '쟁기'도 닳게 할 수 있다. 심지어 그 '모진 삶'은 '시간'도 비켜 가고 '죽음'도 삼켜 버린다.

즉 '모진 삶'은 영원하다. 그렇다면 영원과 맞닿아 있는 그 '모진 삶'이란 과연 무엇일까? 우리는 보통 '모진 삶'을 수동적인 의미로 이해한다. 그러니까 고생을 많이 하다 보면 삶 자체가 억세어진다는 정도로 '모진 삶'을 이해한다. 하지만 이 시에서 오비디우스는 '모진 삶'을 지나치게 능동적인 자세(actiones, 영어의 actions)로 표현하고 있다.

그렇다고 오비디우스에게 이런 능동적 모진 삶이 처음부터 가능한 것은 아니었다. 오비디우스의 마음에서 일어나는 억울함의 감정, 원망과 분노, 복수심 등은 그렇게 쉽게 사그라들지 않았다. 아니,

자신을 이 꼴로 만든 사람들이 망하는 꼴을 보게 된다면 후련하련
만……. 그것이 어렵다면 조그만 고통이라도 그들을 덮친다면 마음
이 좀 풀리련만…….'

이런 일이 불가능하다면 오비디우스의 이 원통한 감정은 평생
안고 가야 할 마음의 짐이었다. 심지어 죽을 때까지. 그렇기 때문에
그 억울함을 삭이려 그는 유배지 토미즈에 도착한 직후 앙갚음하
려는 대상을 향해 저주를 퍼부었던 것이다. 짧은 말로는 자신의 답
답한 심정을 풀 길 없어 아주 긴 호흡으로 욕지거리를 내뱉듯 장시
『이비스(Ibis)』를 썼다.

그렇게 여섯 해가 지나갔다. 그런데 "키메리아 해안에 있는 나
에게 여섯 번째 여름이구먼."에서 말하듯, 귀양살이 6년 만에 오비디
우스의 마음에 '변신'이 일어난다. 유배 전에 자신이 그렇게 많이 썼
던 그 낱말, 그래서 자신의 서사시집의 이름이기도 한 변신, 즉 '메
타모르포시스'…… 혼돈의 카오스가 질서의 코스모스가 되는 데에
는 변신이 있었으니, 마음속 혼돈에 질서를 부여하기 위해 그는 이
제 자신의 마음에 '선언'한다. 아니, 그래야만 했다. 이대로 이 마음
으로 혼돈의 무저갱 같은 세월을 보낼 수는 없었다.

우선 오비디우스는 옷부터 변신한다. "게타이족의 가죽옷을
걸치고 있다네." 채색으로 된 로마 귀족의 옷을 벗은 것이다. 연애담
을 통해 젊은 시절 많은 남녀들에게 옷매무새에 대해 일장 연설을
했던, 그래서 옷 입는 것에 대해 일가견이 있었던 오비디우스가 이
제 더 이상 화려한 옷을 입지 않는다. 오비디우스의 옷은 게타이족

스타일로 바뀌었다.

스퀴타이 일파인 게타이족은 흑해 연안 토미즈에 유목 생활을 하던 자들인데, 멋쟁이 오비디우스가 그들의 가죽옷을 입은 것이다. 오비디우스가 부연하는 그의 '모진 삶'을 위한 변신은 자신과 함께한 사람에게 맞추는 것이었다. "낙수가 바위를 뚫는다."는 선언은 자신과 함께한 게타이족의 가죽옷에 자신을 내어 맡기는 변형으로 시작된다. '게타이족의 가죽옷'이라는 표현에 정신이 번쩍 드는 이유다.

그 정도의 '변신'이 아니었다. 오비디우스는 이제는 토미즈를 자신의 고향으로 받아들이면서 현지의 역사와 문화에 관심을 갖게 된다. 그곳 사람들의 좋은 점을 찾으려 애를 썼으며, 자신의 천재성을 유감없이 드러냈던 라틴어를 내려놓고 게타이어로 시를 쓰기 시작했다. 뿐만 아니라 이따금 외적의 침입으로 토미즈가 위험에 빠지면, 오비디우스는 그곳 사람들과 함께 방어전에 참여하기도 했다. 급기야 냉랭하던 토미즈 사람들도 오비디우스에게 경의를 표하게 된다.

이런 변신이 바로 낙수의 힘이다. 우울한 분위기로 끝났을 유배 생활을 오비디우스는 값지게 만들었다. 그래서 죽음이 가까워도 그는 여한 없이 눈을 감았을 것이다. "시간은 모든 것을 삼켜 파멸할 것이나, 나는 예외려니, 심지어 내 모진 삶에 삼켜진 죽음은 (내게) 꿈쩍도 못 할 것이네." 얼어붙은 흑해의 매서운 추위 속에서도 꿈틀거리는 그의 능동적인 '모진 삶'이 느껴진다.

낙수를 능동적인 '모진 삶'으로 여긴 오비디우스는 변신한다.

그는 내 편이 없는 유배지에서 더 강해졌다.

지치지 않고 내가 그들의 편이 되어 줌으로써.

그때 존엄이 된다. 그래서 "낙수는 바위를 뚫는다."

그대 유골이 묻혀 있는 고요한 바닷가

이쯤 되니 서두에서 괴테가 느꼈던 오비디우스를 향한 연민은 괜한 걱정이지 않았나 싶다. 오비디우스의 신세를 추방당한 자신의 신세와 동일시한 푸슈킨(1799-1837)은 그 귀양지에서 오비디우스의 흔적을 목격한 후 다음과 같이 노래하고 있기 때문이다.

> 오비디우스여, 나 지금 살고 있는 곳은
> 그대 언젠가 추방당한 가신(家神)을 모셔온 곳
> 그대 유골이 묻혀 있는 고요한 바닷가
> (······)
> 이곳에선 그대의 명성 여전히 자자하구나
> 공상의 날개 타고 생생하게 그려 본다
> 시인의 유배지, 음산한 광야
> 안개 낀 창공, 하염없이 날리는 눈발
> 초원에 내리쬐는 한여름의 짧은 햇살을
> —알렉산드르 푸슈킨, 「오비디우스에게」에서

푸슈킨이 찾은 오비디우스의 유배지는 시인의 비극적 운명을 모른다 해도 그 자체로 음산하고 추운 곳이며, 안개로 자욱한 곳이었다. 하지만 오비디우스의 명성은 당시에도 그대로 남아 있었다. 오비디우스는 로마인들이 자신의 집에만 모신다는 가신을 유배지에서도 섬겼으며, 자신의 유골을 그 땅에 묻어 '본토인'이 되었기 때문이다. 그들에게 오비디우스는 더 이상 야한 연애시만 지은 시인도, 인정받지 못한 비운의 예술가도 아니었다. 오비디우스는 귀양지에서 능동적인 모진 삶, 바위를 뚫는 삶, 그리고 영원까지도 넘볼 수 있는 진정한 '존엄'이 되어 있었다.

텔레비전에서 보는 영화라고는 서부 활극과 중국 무술 영화가 전부였던 유년 시절, 나는 자연스레 그 속에서 복수와 보복의 심리를 체득했고, 고등학교를 마칠 때까지 그것이 나를 버티게 하는 힘인 줄만 알았다. 이른바 '복수는 가문의 영광'이었고, '질투는 나의 힘'이었다. 지금 생각해 보니 참으로 부질없는 짓이었다. 이제 나도 변신을 꿈꿔 본다. 제발.

그리고 나도 내가 끊임없이 성실하게 쏟아부을 내 물방울의 낙하 지점, 바위의 그곳에서 모진 삶을 살고 싶다. 당신은 아직도 앙갚음을 꿈꾸는가? 그렇다면 당신은 오비디우스가 미처 변신을 시도하지 못했던 여섯 해의 귀양살이를 하고 있는 것이리라. 누구를 여섯 해 증오해 왔던가? 낙수를 모진 삶으로 여긴 오비디우스는 변신한다. 그때 존엄이 된다. "낙수가 바위를 뚫는다."

낙수를 능동적인 모진 삶으로 여긴 오비디우스는 변신한다. 그는 내 편이 없는 유배지에서 더 강해졌다. 지치지 않고 내가 그들의 편이 되어 줌으로써. 그때 존엄이 된다. 그래서 "낙수는 바위를 뚫는다."

카오스에서 코스모스로

오비디우스는 유배지에 있으면서 자신의 허물에 대해 많은 숙고를 했다. 그 허물에 대한 시가 『슬픔』이다.

왜 보았던가? 왜 내 눈이 흉물스러운 짓 했던가?
왜 허물은 생각지도 못한 사이 내게 익숙해지는가?
불식간 악타이온은 벗은 디아나를 보았으니
그는 자기 개들의 먹잇감이 되는 수밖에.
　　　　　　　　　—오비디우스, 『슬픔』(2권 103-106행)에서

자신의 허물에 대한 고백을 참회시라 하는데, 그는 『변신 이야기』에서 썼던 변신의 주제를 참회의 주제로 바꾸고 있다. 악타이온은 사냥개를 대동해서 사냥을 하던 중 우연히 순결한 처녀 신 디아나(희랍어로 아르테미스)가 목욕하는 모습을 보게 된다. 이에 격분한 처녀 신은 그 벌로 악타이온을 사슴으로 변신케 한다. 그러자 그는 자신의 사냥개들에게 쫓기는 신세가 되고 만다.

이 시에서 오비디우스는 악타이온을 통해 자신의 상황을 설명하고 있다. 그것은 악타이온처럼 자신의 허물도 '불식간'(inscius; not knowing)에 찾아온 것이라는 점을 말한다. 악타이온은 봐서는 안 될 것을 '우연하게' 보았다. 그 보복은 처참했으니, 사슴으로 둔갑하게 된 악타이온은 끝내 자신의 개들에게 찢겨 죽는다.

오비디우스는 자신의 허물이 봐서는 안 될 것을 본 것으로 여긴 것 같다. 자신의 유배 생활은 그런 점에서 보복이었다. 그는 허물이 불식간, 생각지도 못한 사이에 익숙해지는 것에 대해 깊은 통찰을 전한다.

오비디우스가 유배 생활 중에 가장 성실하게 연마했던 것은 공부였다. 이 점을 데이비드 흄이나 프랜시스 베이컨이 곧잘 인용하여 강조했다. 말하자면 오비디우스의 「권학가」인 셈이다.

더할지니, 인간다운 학예를 성실하게 배우는 것은
습성을 부드럽게 하고, 야수가 되지 않도록 한다.
어떤 왕도 이것으로 더 많이 지도받지 않았으며,
부드럽게 하는 열정에 더 많은 시간을 쏟지 않았다.
　　　　　　— 오비디우스, 『흑해에서 온 편지』(2권 9장 47)에서

　프랜시스 베이컨이 읽은 판본이 지금의 판본과 약간 다른 것 같아 오비디우스의 최종 판본에서 직접 옮겨 보았다. 베이컨은 『학문의 진보』에서 "성실하게 학문을 배우는 것은 인간의 거칠고 야만적인 습성을 바꾼다. 여기서 강조되는 것이 '성실하게(fideliter)'다."라고 말하면서 이 시를 인용한다. 떨어지는 물이 바위를 뚫는 것도 끊임없는 성실성 때문이고, 반지가 가늘게 되는 것도 성실하게 사용하기 때문이며, 쟁기가 닳는 것도 땅을 성실하게 갈기 때문이다.

　이 시에서 오비디우스는 학문을 통해 인간은 부드러워져서 야수성을 고치게 된다고 하면서 '부드럽게 하는 열정'이라 표현한다. 그에게 학문의 목적은 인간다움에 있었고, 그 핵심은 부드럽게 하는 열정이었다. 귀양 온 지 6년. 오비디우스에게 남은 억울함과 복수심은 이제 부드러워졌고, 이것이 바로 모진 삶이었으며, 영원을 위한 불굴의 의지를 불태울 수 있었다.

　오비디우스는 자신의 '모진 삶'이 영원과 맞닿아 있다고 여겼는데, 그 이유는 『변신 이야기』에서 추측 가능하다. 다음을 보자.

마치 말랑말랑한 밀랍이

새로운 형상으로 만들어지면

이전 상태로 남아 있지도 않고

같은 모양을 유지하지도 않지만

그래도 똑같은 밀랍이듯이,

그와 마찬가지로 영혼도 여러 가지

형상 속으로 옮겨 다녀도

언제나 똑같다는 것이 내 가르침이오.

— 오비디우스, 『변신 이야기』(15권 169-173)에서

피타고라스의 입을 통해 오비디우스가 말하는 인간은 영혼을 갖고 있어서 항상 변신이 가능하다는 깨달음, 그 변신은 영원하다는 것이었다. 그래서 그는 유배 생활 중에도 끊임없는 변화를 시도했다. 신화의 세계를 변화의 세계로 본 오비디우스는 그 원리가 영원까지 계속되기 때문에 영겁의 세월을 위한 변화를 자신이 있는 그곳, 그 순간부터 시작했던 것이다. 그는 하나의 우주가 카오스로, 그 카오스가 코스모스로 변신한 것이 진리며, 자신의 삶을 그 변화에 내맡기는 것 또한 가장 확고한 진리라고 믿었다. 시인은 그 진리를 성실하게 실천했던 것이다. 그 변신을 위한 '선언' 중 하나가 "낙수가 바위를 뚫는다."였다.

19 임금님 귀는 당나귀 귀

설움의 소리가 울려 퍼져

상처가 아무는 곳

그대들의 피리가 내 사랑 말할 수 있다면

아르카디아의 신 판께서 오셨는데, 우리가 보니

산딸기의 핏빛이요, 선홍색으로 물들었네.

(……)

슬픈 그는 말하노니, "아르카디아인들이여, 불러 주오

그대들의 산마다. 오로지 음악의 고수는

아르카디아인들이니. 내 유골들 얼마나 편안히 쉴까,

어느 날 그대들의 피리가 내 사랑 말할 수 있을 때!"

　　　　　　　　— 베르길리우스, 『전원시』(10권 26-34행)에서

베르길리우스의 무릉도원은 '아르카디아'로, 이후 서구 문학에서 낙원의 대명사가 되었다. 르네상스를 지나면서까지 이상향(理想鄕)으로 우뚝 선 아르카디아의 산속에는 고대 아르카디아인들이 속 빈 갈대를 잘라 만든 피리의 진혼곡이 울려 퍼진다.

그 갈대숲에서 바람이 불 때마다 들리는 소리 있으니 "임금님 귀는 당나귀 귀." 하기야 미다스는 프뤼기아 왕이었으니 희랍 땅 아르카디아에서 들렸으랴마는 갈대숲이든 대나무 숲이든 그 소리는 저 멀리 신라까지 울렸으니 굳이 장소가 문제될 리는 없겠다.

"임금님 귀는 당나귀 귀"가 그 숲에서 미풍을 따라 흔들릴 때 목자의 신 판의 피리 소리도 투명하게 울려, 희랍 대지의 땅 구멍이든 아랍 지하의 물구멍이든 지구 어디서나 메아리쳤다. 그 소리가 가슴을 파고들어 각자의 구슬픈 한을 풀어 준다. 그러니까 판이 노래했던 "내 유골들 얼마나 편안히 쉴까, 그대들의 피리가 내 사랑 말할 수 있을 때!"는 천지에 울리는 노래가 되고, 아르카디아는 세기를 두고 염원하는 이상향이 되었다. 저 아르카디아 갈대숲에서 메아리치는 판의 피리 소리가 "당나귀 귀, 나귀 귀, 귀, 귀……"라는 메아리와 함께 우리의 귀를 쫑긋 세우게 한다.

미다스 왕의 솔직한 판정

"임금님 귀는 당나귀 귀"의 출처는 로마 하드리아누스(76-138년) 시대 희랍 문법 학자였던 디오게니아누스의 『명언집』에 나오는

"미다스, 당나귀 귀(Μίδας ὄνου ὦτα)"라는 짤막한 표현이다. 하지만 이 명언은 이후 많은 사람들에게 회자되고, 그 파급력은 대단해서 페르시아와 유럽뿐만 아니라 아시아 전역에도 '왕의 귀'가 '당나귀 귀'와 관련된 이야기, 그러니까 한자로 '당나귀 려(驢)'를 써서 '여이 설화(驢耳說話)'로 남아 있다.

물론 당나귀가 때론 프랑스, 루마니아, 러시아, 아일랜드, 칠레 등에서는 말이나 산양으로 둔갑하기도 한다. "임금님(미다스) 귀는 당나귀 귀"라는 명언의 반열에 들어가기 전에 거치기 마련인 '이야기(apologus, fabula)'는 오비디우스의 『변신 이야기』 11권에 나타난다.

> 이어서 현을 능숙하게
> 엄지손가락으로 아폴론이 뜯자, 현의 감미로움에 취해
> 트몰루스는 판에게 갈대를 키타라에 굴복시키라고 명했다.
> 신성한 산신(山神)의 판정과 판결이 만족스러웠다,
> 모두는. 하지만 다른 의견 있어 불공정하다 소리쳤다,
> 단 한 사람 미다스의 목소리로.
> (……)
> 그의 다른 부분은 인간이었지만 한 부분만 벌을 받아
> 느리게 걷는 당나귀의 귀가 달렸던 것이다.
> ─ 오비디우스, 『변신 이야기』(11권 169-174행, 178-179행)에서

요정 쉬링크스에게 갈대는 '원하지 않는 사랑'에 대한

거절이 부른 비극을 품고 있고,

한편으로 판에게는 '이룰 수 없는 사랑'에 대한

코끝 찡하게 치밀어 오르는 그리움을 담고 있다.

아이러니하게도 이 둘에게 모두 갈대는 위로가 된다.

프뤼기아의 왕 미다스의 귀가 당나귀 귀가 된 이유는 판과 아폴론의 음악 경연에서 미다스가 갈대 피리를 연주한 판의 편을 들다가 아폴론의 미움을 받았기 때문이다. 미다스가 그런 판정을 한 것에 대해 오비디우스는 판의 피리가 미다스의 "마음을 녹였다."고 굳이 이유를(162행) 밝힌다. 미다스가 자신이 감동받은 대로 말한 것뿐인데, 솔직한 심정을 드러낸 것치고는 그 벌이 과하다.

음악은 올림포스 열두 신 중 아폴론의 영역이었고, 적어도 그 영역에서 아폴론에게 도전하는 자는 누구를 막론하고 끔찍하게 처단되었다. 이런 불공정한 처사는 이미 같은 책 6권 마르쉬아스 이야기(382-400행)에도 나온다. 사튀로스였던 마르쉬아스는 '갈대 피리'로 아폴론과 시합을 하다가 져서 그 벌로 껍질이 벗겨져 죽는다. 기막힌 감동을 안겨 줄 수도 있었을 콩쿠르에서 올림포스 열두 신의 귀공자였던 아폴론은 관현악단의 지휘보다는 자신의 키타라만으로 공연되는 현악단, 그것도 솔로 무대만 원했다.

갈대는 한숨을 싣고: 하인의 고통

그런데 오비디우스의 이야기는 여기서 끝나지 않는다. 미다스 왕은 당나귀 귀를 모자, 그러니까 꼭 스머프 모자처럼 생긴 프뤼기아 모자로 감추었지만 오래지 않아 이발사에게 발각된다. 그 이발사는 누구를 만나도 멀뚱히 바라볼 뿐 벙어리 냉가슴을 앓아야 했다.

함지박처럼 입만 빼끔대다 어쩔 수 없었던지, 그는 외딴 곳 땅에 구덩이를 파고 작은 소리로 그 비밀을 털어놓는다. 속은 후련해졌지만, 혹시라도 그 말이 새어 나갈까 가슴 졸이며 다시 흙으로 묻어 두었다.

> 거기 숲이 쓰적대는 갈대로 우거지더니,
> 그해가 끝날 즈음 숲은 무성해져
> 이내 파종한 자를 밝혔으니, 연한 미풍에도 살랑살랑
> 묻어 둔 말이 메아리쳐 왕의 귀를 폭로했다.
> — 오비디우스, 『변신 이야기』(11권 190-193행)에서

그곳에서 자라난 갈대는 바람에 흔들려 서로 스칠 때마다 "임금님 귀는 당나귀 귀"라는 '말'을 토해 냈다. 그 말을 '파종한 자'가 누구인지도 밝혀졌다. 오비디우스는 이 이발사를 미다스의 궁정 '하인(famulus)'(182행)이라고 소개한다. 궁정에서는 줄곧 입조심을 단단히 해야 하는 처지라 그 답답함을 땅에다 말한 게 큰 흠이 될까만, '하인'이라는 이 한 단어로 오비디우스는 그를 향한 연민을 드러낸다.

하지만 입을 봉한 땅 구멍마저 함구무언할 수 없었던지, 갈대의 텅 빈 관을 타고 스적대는 소리를 향해 조심스럽게 그 말을 뱉어 낸다. 갈대가 없었다면 "임금님 귀는 당나귀 귀"가 우리에게까지 전해지지 못했으리라. 오비디우스는 판이 갈대 피리로 아폴론과 시합

을 벌이는 이야기에서 미다스 왕이 판의 편을 드는 결말로, 다시 미다스가 벌을 받아 끝나는가 싶더니, 이발사가 땅에 묻은 말이 연거푸 갈대를 통해 퍼져 나가는 이야기로 이어지게 했다. 오비디우스가 갈대피리를 통해서 이야기를 발전시키는 주제를 정리해 보자.

갈대 피리 ▶ 판과 아폴론의 시합 ▶ 미다스의 판정 ▶ 미다스의 당나귀 귀 ▶ 갈대숲

갈대의 순정

왜 하필 갈대인가? 오비디우스는 『변신 이야기』에서 갈대와 얽힌 사연을 미다스 이야기뿐만 아니라 앞뒤 다른 신화에서도 소상히 기록하고 있다. 우선 요정 쉬링크스와 목신 판을 보자.

판 신은 이제 쉬링크스를 붙잡았다고 생각했으나
잡은 것은 그 요정의 몸 대신 늪지의 갈대들뿐이었다.
판 신이 한숨을 쉬자 그 숨결이 갈대를 비벼서
탄식 같은 가냘픈 소리가 났다.
판 신은 이 새로운 예술과 감미로운 소리에 빠져
"나는 이 소리로 그대와 만남을 유지하리라."라고 말했다.
그래서 다른 갈대들을 밀랍으로

서로 이어 붙여 그 소녀의 이름으로 불렸던 것이다.

— 오비디우스, 『변신 이야기』(1권 704-710행)에서

요정인 쉬링크스는 판에게 쫓기다 도피의 길이 강물로 막히자, 강물의 요정들에게 자신이 변신하도록 간청하여 곧 갈대로 변한다. 판 자신은 사랑인 줄 알았겠지만 그 판에게 안기는 것이 죽기보다 싫은 요정은 결국 갈대가 된다. 그렇게 자신의 사랑이 한낱 백일몽으로 끝나자, 판은 자신의 집착이 부른 불행의 증거물인 갈대를 부여잡고 통한의 한숨을 쉬었다.

그러자 갈대에서 나오는 애환 섞인 구슬픈 소리. 이제 판은 그 갈대로 피리를 만들어 그것을 제 연인의 이름으로 부른다. 허리춤에 항상 갈대 피리를 끼고 판은 그녀가 그리울 때마다 그 피리의 입에 자신의 입술을 포갠다. 그래서 희랍인들의 갈대 피리는 '쉬링크스'로 불리고, 갈대 피리의 텅 빈 속은 사실 판의 실연에 대한 휑한 마음의 표현이자 그녀 없는 텅 빈 세상의 상징이 됐다.

갈대는 쉬링크스에게는 '원하지 않는 사랑'에 대한 거절이 부른 비극을 품고 있고, 판에게는 '이룰 수 없는 사랑'에 대한 코끝 찡하게 치밀어 오르는 그리움을 담고 있다. 그런데 아이러니하게도 이 둘 모두에게 갈대는 위로가 된다.

『변신 이야기』에는 또 하나의 갈대 이야기가 있다.

이어서 던져진 바위가 갈라지며

갈라테이아의 사랑을 받은 아키스는
외눈박이 거인에게 질투를 받아 바위에 맞아 죽지만,
오히려 강물의 신이 되어 갈대를 달고 되살아난다.
아키스를 상징하는 갈대는 질투와 모함으로
궁지에 몰린 현대의 아키스들에게
하나의 희망이 된다.

그 틈 사이로 살아 있는 키 큰 갈대가 돋아나더니,
텅 빈 바위의 입은 물이 솟는 소리를 뿜어냈다.
기적이다. 갑자기 가운데까지 한 줄기가 떠오른다,
한 젊은이가 갈대로 된 뿔을 달고서.
— 오비디우스, 『변신 이야기』(13권 890-894행)에서

오비디우스에 따르면 다시 살아난 젊은이는 아키스라는 청년으로, 갈라테이아를 몹시 사랑했다. 외눈박이 퀴클로프스인 폴리페모스도 갈라테이아를 사랑하기 때문에 셋은 삼각관계에 빠진다. 외눈박이 거인 폴리페모스가 질투심을 이기지 못하고 큰 바위를 던져 아키스를 죽이고 만다. 하지만 청년을 사랑한 갈라테이아의 명령으로 그 바위 틈에서 갈대가 돋아나고 샘이 솟더니 아키스가 갈대를 달고 떠오른다, 이제 더 이상 사람이 아닌 강물의 신이 되어서. 아키스를 상징하는 갈대는 질투와 모함으로 궁지에 몰린 현대의 아키스들에게 하나의 희망이 된다.

온갖 풍파를 그치게 하는 피리

"임금님 귀는 당나귀 귀"는 역사 속 어디에서나 갈대밭에서 되풀이된다. 미다스 왕의 머리를 손질하던 하인의 말 못 하던 가슴 속의 응어리가 그 갈대를 통해 해소되었다. 그 갈대는 쉬링크스에게

든, 판에게든, 아키스에게든 한 맺힌 사연이 된 응어리를 도려내 준다. 가슴속에 갇혔다가 풀려난 사연은 갈대 피리를 통해 다른 사람들에게 전달되어 각자의 가슴을 후벼파는 소리를 만들면서 그들의 감정선을 뒤흔든다.

신라 48대 경문왕 때 일이다. 이때는 "임금님 귀는 당나귀 귀"가 대나무 숲에서 울렸다고 한다. 대나무로 만든 피리는 이미 신라 31대 신문왕 때 있었다. 만파식적(萬波息笛). 한자를 풀자면 "온갖 풍파를 그치게 하는 피리"다. 대나무로 만든 이 피리를 불면 적군이 물러나고 질병이 없어지며, 가뭄에는 비가 오고 홍수가 지면 비가 그치고 바람과 물결을 잦아들게 하는 기적이 일어난다고 한다.

저 멀리 프뤼기아가 됐든 그 동쪽 끝 한반도가 됐든 하소연하지 못한 민초(民草)들의 응어리 "임금님 귀는 당나귀 귀"는 갈대밭과 대나무 밭에서 울려 퍼졌고, 그 긴 대롱은 피리로 그들의 심금을 울리고 있었다. 그래서 갈대나 대나무는 음악의 상징이자, 한(恨)을 푸는 친구가 된다.

현대판 갈대 피리 이야기가 있다. 영화 「봄날은 간다」 앞부분에서 두 남녀 주인공은 복선처럼 대나무 소리를 채집하러 대밭에 간다. 그때 여주인공이 동네 할머니와 나누는 대화를 통해 우리는 이 밭의 의미를 새삼 깨닫게 된다.

"대밭 소리 너무 좋네."
"좋고말고."

"언제가 좋아요?"

"바람 불고 눈보라 칠 때 좋지. 삭 소리가 나면 마음이 심란하던 게 확 풀리고 얼마나 좋나."

두 남녀는 겨울에 만나 사랑에 빠졌다가 봄이 지나 헤어진다. 여자는 이혼의 상처가 있어서 그런지 결혼을 부담스러워하지만, 남자는 결혼을 갈망한다. 결국 여자 쪽에서 헤어지자고 통보한다. 여인을 잊지 못하는 남자는 서울과 강릉을 오가며 집착하지만 끝내 단념한다.

1년 후 봄, 남자는 사랑하던 연인의 허밍 노래가 녹음된 테이프를 발견한다. "사랑의 기쁨은 어느새 사라지고 사랑의 슬픔만 영원히 남았네." 가사 없는 허밍 음만 나지막이 지나간다. 그리고 남자가 찾아간 곳이 갈대밭이었다. (실제 촬영 장소는 보리밭이라고 한다.) 그는 갈대밭에서 갈댓잎이 바람에 내는 소리를 듣고 있다. "삭-." 그리고 남자 주인공이 미소를 지으면서 영화는 끝난다. 영화의 처음과 끝에 들리던 대밭과 갈대밭 소리는 그에게 갈대 피리였다.

더 이상 말이 필요 없는, 그저 자연의 소리만 들어도 응어리가 풀리는 경지가 있다. 오비디우스의 말마따나 "거기 숲이 쓰적대는 갈대로 우거지더니, 그해가 끝날 즈음 숲은 무성해져" 우리의 상처는 아문다. 그게 갈대다. 갈대숲은 우리를 위로해 주고 응어리를 풀어 준다. 누구는 갈대밭에서 입술이 부르트도록 피리를 연주할 것이고, 누구는 자연의 소리를 채집할 것이며, 누구는 서러운 맘을 기

더 이상 말이 필요 없는,
그저 자연의 소리만 들어도 응어리가 풀리는 경지가 있다.
오비디우스의 말마따나 "거기 숲이 쓰적대는 갈대로 우거지더니,
그해가 끝날 즈음 숲은 무성해져" 우리의 상처는 아문다.

도로 올릴 것이다.

　　베르길리우스도 아르카디아의 산등성이에 그 소리가 울려 퍼
지기를 원했다. 갈대 소리가 우리를 살린다. 그래서 그곳은 우리의
영원한 이상향이다. 우리의 설움 가득한 "임금님 귀는 당나귀 귀"

가 북받칠 때마다, 우리의 응어리를 뱉어 낼 갈대밭으로 가자. 그곳에 묻어 둘 우리의 말 "임금님 귀는 당나귀 귀"를 목청껏 토해 내자. 그러면 속삭이듯 갈대들이 여기저기서 아우성칠 것이다. "임금님 귀는 당나귀 귀……." 그리고 내게 속삭인다. '힘…… 내……, 힘…… 내…….' 우리의 '봄날'은 가겠지만, 갈대는 우리 곁에 있다.

20 사랑받기 원한다면 사랑하라

사랑이라는 열정의

끝점은 '자유'

시인 마야콥스키의 사랑

나 만약 황제로 태어날 수 있다면

나의 백성에게 이렇게 명하리.

햇빛처럼 반짝이는 금빛 주화 위에

그대의 어여쁜 얼굴을

새겨 넣으라고!

그리고

이 세계가 툰드라로 변하고,

강물이 북풍과 사귀는 곳,

거기에서도 나는 족쇄 위에 릴리의 이름을 새기리.

그러고는 음울한 중노동 속에서도 자꾸만 입맞추리……

생각해 보자. 당신은 사랑을 하고 있는지,
아니면 사랑을 받고 있는지.
그리고 솔직히 사랑하기를 원하는지,
사랑받기를 원하는지.
이런 고민은 세네카의 말로 일단락될 수 있다.
"사랑받기를 원한다면 사랑하라."

— 마야콥스키, 「척추 피리」에서

러시아 혁명가의 사랑 고백시라 그런지 스케일이 남다르다. 이 시에서 마야콥스키(1893-1930)는 사랑하는 여인 릴리를 위해 자신이 해야 할 일을 열거한다. 자신이 황제라면 금화에 릴리의 얼굴을 새기라 할 것이고, 반대로 족쇄를 찬 신세가 되더라도 족쇄에 그녀의 이름을 새겨 놓고 입 맞춘단다. 마야콥스키가 스물세 살 때 쓴 시라는데, 허황되다 치부해 버리자니 그의 순수성에 흠을 내는 것 같다. 오히려 그 입가에서 열변을 토하듯 쏟아지는 사랑의 치기가 부러울 따름이다.

사랑의 행위를 '사랑하기'와 '사랑받기'로 나눈다면 마야콥스키의 고백은 단연코 '사랑하기'에 해당한다. 당신은 연애 중이다. 생각해 보자. 당신은 사랑을 하고 있는지, 아니면 사랑을 받고 있는지. 그리고 솔직히 사랑하기를 원하는지, 사랑받기를 원하는지. 이런 고민은 세네카의 말로 일단락될 수 있다. "사랑받기를 원한다면 사랑하라.(si vis amari, ama.)"

사랑을 해도 불안한 이유는 무엇인가

세네카의 이 한마디 앞에는 사실 다음의 말들이 있다.

나 그대에게 사랑의 속성을 밝히리니 (그 사랑은) 묘약도 아니요 방초도 아니요 주술도 아니네. 사랑받기 원한다면 사랑하라.

— 세네카, 『서간』(9. 6)에서

사랑이란 무엇일까? 세네카는 사랑을 말하기 힘들었던지 소거법, 사랑이 아닌 것부터 제거해 나간다. 사랑은 '묘약, 방초(허브), 주술'의 성격을 갖지 않는다. 그러더니 이번에도 사랑을 정의하기보다 느닷없이 명령을 한다. "사랑하라." 참 불친절하다. 세네카는 사랑의 행위를 '사랑받기'와 '사랑하기'로 구분해 놓고서 단박에 후자를 명한다.

'사랑받기'는 자신이 타인으로부터 사랑의 대상이 되려는 것이고, '사랑하기'는 자신이 타인을 향한 사랑의 주체가 되려는 것이다. 여기서 타인이란 나와 연결된 여러 관계의 망, 그러니까 현대 철학에서 '타자'로 통쳐 버리는 가족, 친구, 연인, 소속, 심지어 국가의 일원을 말한다.

세네카는 이 타자를 향해 사랑의 주체가 되라고 명한다. 하지만 사랑하기에는 항상 또 다른 욕망, 사랑하기보다 사랑받고 싶어하는 '사랑받기'의 욕망이 도사리고 있다. 우리도 때로 자신과 경계가 맞닿아 있는 '타자'와의 관계에서 그들로부터 사랑받기를 원하는지, 아니면 사랑하기를 원하는지 진지하게 고민한다.

그렇다면 세네카가 사랑받기에 앞서 사랑하기를 명하는 이유는 무엇일까? 사랑할 때 불안하지 않기 때문이다. 다음을 보자.

온전한 사랑은 신들에 대해 불안하지 않다. 온전한 사랑이 불안하다는 것은 정신 나간 짓이니, 누구도 불안케 하는 자를 사랑하지 않기 때문이다.

— 세네카, 『선행에 관하여』(4, 19, 1)에서

세네카는 다른 곳에서도 "사랑은 불안과 섞일 수 없다."(『서간』 47.18)고 말한다. 우리는 자신의 국민과 가족, 친구, 배우자를 사랑할 때 불안해서는 안 된다. 그도 그럴 것이 온전한 사랑은 오히려 위험에 도전하고 그것을 극복하게(『서간』 76. 20) 만들기 때문이다. 이런 사랑이야말로 순수하고 때가 묻지 않았으며, 너그러울 뿐만 아니라 그 열정이 결코 사그라들지 않는 욕망이다.

반면 사랑을 해도 불안하다는 것은 그 사랑이 온전하지 않기 때문이다. 사랑을 할 때 불안한 이유, 그러니까 사랑이 온전하지 못한 이유는 무엇일까? 사랑에 타자의 욕망이 개입하기 때문이다. 한마디로 사랑받기를 원할 때 생기는 불안이다.

자크 라캉(1901-1981)은 욕망의 주체가 불안해하는 이유를 타자가 자신에게 갖고 있는 '타자의 욕망' 때문이라고 한다. 라캉의 중요한 말 "인간의 욕망은 타자의 욕망이다."에서 알 수 있듯, 나의 욕망은 내가 하는 것이 아니라 타인이 나에게 강제하는 욕망이다. 그때 타인의 욕망이 나를 불안하게 만든다. 좀 더 구체적으로 말해서 내가 추구하는 욕망이 어차피 타자의 욕망이라면, 사람과의 관계에서 타자의 욕망과 나의 욕망은 충돌하게 된다. 그때 불안이 싹트는 것이다.

사랑을 해도 불안하다는 것은
그 사랑이 온전하지 않기
때문이다. 그렇다면 사랑을
할 때 불안한 이유, 그러니까
사랑이 온전하지 못한 이유는 무엇일까?
라캉은 욕망의 주체가 불안해하는
이유를 타자가 자신에게
갖고 있는 '타자의 욕망'
때문이라고 한다.

사랑의 전이

세네카가 구분한 것 중 '사랑받기'는 타인의 욕망에 나를 맞추는 행동이다. 이것은 사랑의 주체가 아닌 사랑의 대상이 되려는 욕망이다. 그래서 라캉은 욕망에는 '전이(transfert)'가 필요하다고 했다. 라캉은 『세미나 8』에서 플라톤의 『향연』을 다루면서 '전이'에 대해, 여기서는 '사랑받기'에서 '사랑하기'로의 전이를 설명한다. 불안은 사랑의 주체보다는 사랑의 대상이 되려는 욕망 때문에 생긴다. 라캉에 따르면, 사랑(에로스)에 대한 심도 있는 대화가 오가는 플라톤의 『향연』에는 사랑받기에서 사랑하기로 전환하는 좋은 예가 등장한다. 다음을 보자.

그러니까 사실 신들은 특별히 이런 사랑의 덕을 가장 명예롭게 합니다. 더욱 경탄하시며 놀라시며 또 좋아하는 것은, 사랑을 하는 사람이 소년들을 사랑할 경우보다도, 오히려 사랑을 받던 사람이 사랑을 주는 사람을 사랑할 경우입니다. 사랑하는 사람이 더 신적인데, (사랑은) 신께 속해 있기 때문이죠. 그래서 신들이 알케스티스보다는 아킬레우스를 더 명예롭게 만들어 '축복받은 자들의 섬'으로 보냈습니다.

— 플라톤, 『향연』(180b)에서

여기서 사랑하는 사람을 위해 희생한 두 사람이 소개된다. 알케스티스는 남편을 위해, 아킬레우스는 파트로클로스를 위해 희생했는데, 플라톤은 둘 중 아킬레우스가 더 명예롭다고 말한다. 그 이유는 "사랑을 받던 사람이 사랑을 주는 사람을 사랑"했기 때문이다. 그러니까 '사랑받기'에서 '사랑하기'로 전이된 사람이 축복의 섬에 들어간 것이다.

아마 알케스티스는 사랑하던 상태에서 계속 사랑하는 자였고, 아킬레우스는 사랑을 받다가 사랑을 하는 사람이 된 것 같다. 사랑을 받는 자에서 사랑을 하는 자로 대체되는 것, 이것이 바로 '전이'다. 그렇다면 플라톤은 사랑의 대상이었다가 사랑의 주체가 되는, 사랑받기에서 사랑하기로의 전이가 일어나는 사람이 더 명예롭다고 주장하는 것이다.

이런 사랑의 전이가 『향연』의 결론부에서 한 번 더 소개된다. 알키비아데스와 소크라테스의 사랑이 그렇다. 아마도 플라톤의 아바타였을 알키비아데스를 통해 이런 사랑의 전이가 아주 극적으로 전개된다. 고대 희랍에서는 늙은 남자가 미소년을 갈망하는 것이 관행이었지만, 『향연』에서는 이런 사랑의 관계가 뒤집힌다. 그래서 미소년인 알키비아데스가 소크라테스를 갈망한 것이다. 소크라테스는 겉보기에는 알키비아데스의 아름다움에 반해 사랑하기 위해 쫓아다니고, 알키비아데스는 그 사랑을 받기 위한 위치에 있었다. 하지만 『향연』에서는 오히려 알키비아데스가 사랑받기에서 사랑하기로 그 관계를 뒤집는 모범이 된다.

릴리, 날 사랑해 주오

다시 서두로 돌아가자. 여인을 향한 마야콥스키의 뜨거운 사랑은 실패로 끝나고, 자신이 꿈꾸던 혁명적 이상도 그 혁명을 통해 일궈 낸 소련의 현실과는 간극이 너무 컸다. 러시아의 가장 유명한 시인으로서, 대중에게는 혁명 그 자체의 상징이었던 마야콥스키는 1930년 서른여섯 나이에 권총으로 자살하고 말았다. 살기가 죽기보다 더 힘들었던 이유는 무엇일까? 사랑도 뜨겁게, 혁명도 뜨겁게 했던 그 열정의 끝점이 도대체 무엇이기에 자살을 택한 것일까?

마야콥스키는 죽기 전에 한 장의 편지를 남겼다고 한다. "릴리, 날 사랑해 주오." 이것이 유서로 남긴 문장이다. 제발 후대인들의 흥밋거리를 위한 허구였으면 하는 마음 간절하다. 하지만 이 유서가 사실이라면, 그는 '사랑하기'보다 '사랑받기'에 집착한 혁명가였다.

물론 서두에 소개한 「척추 피리」로 본다면 그는 사랑하기를 다짐했던 혁명가, 온전한 사랑을 하려는 사람이었다. 하지만 13년이 지난 시점의 마야콥스키는 '사랑받기보다는 사랑하라.'를 실천하지 못했다. 마지막 말, "날 사랑해 주오."라는 말에서 '사랑받기' 위해 처절하게 몸부림치는 그의 욕망이 읽힌다.

사랑(에로스)은 자신의 결핍에 대한 부정이다. 이것이 『향연』의 주장이다. 또한 우리의 노예적 상태를 결핍으로 본다면, 혁명은 노예적 상태에 대한 부정이다. 그래서 사랑과 혁명은 동일하게 각자의 현 상태에 대한 부정에서 시작한다. 그런데 사랑이나 혁명이 단지 '사랑받기'와 '인정받(아 영웅 되)기'를 위한 것이라면, 그것은 이미 실패한 사랑이며 실패한 혁명이다. 그 과정 중에 '불안'만이 그림자처럼 남기 마련이다. 그것은 세네카의 말대로라면 '온전하지 못한 사랑'이 된다. 혁명만이 아니라 사랑도 노예근성에서 벗어나야 하는 것이다. 그래서 사랑도, 혁명도 자유를 향해야 한다. 세네카는 사랑하기를 명령한다. 그러니까 '사랑'이라는 열정의 끝점은 '자유'다.

노예근성에서 벗어나라

당신은 자유민주주의 안에 살고 있다. 하지만 선택지가 많지는 않다. 권력은 누구든 자신의 손아귀 안에 있기를 원하는 생리가 있다. 좀 직설적으로 표현한다면, 다른 사람들이 내게 노예처럼 굽실대기를 원한다. 자유를 절대 용납하지 않지만, 그 수법은 은근하다. 그래서 이 시스템의 주어진 선택지 내에서는 아무리 자유를 누린다 해도 노예로밖에 살 수 없다.

우리는 노예 시스템 안에 이미 세뇌돼 있다, 자본이라는 절대 권력 앞에서 맥을 못 춘다. 질 낮은 환경에서 탈출하고, 보다 좋은 직급이 주어지고, 때로는 명예도 주어진다. 하지만 노예일 뿐이다. 그 욕망의 충족은 역설적이게도 생의 불꽃을 점점 잃게 만들 따름이다. '사랑받기' 위한 노예근성은 생명력을 잃게 만든다. 러시아뿐만 아니라 모든 곳에서 종살이를 포착하게 된다.

사랑(에로스)은 자신의 결핍에 대한 부정이다.
이것이 『향연』의 주장이다. 또한 우리의
노예적 상태를 결핍으로 본다면,
혁명은 노예적 상태에 대한 부정이다.

287

당신의 욕망은 무엇인가? 타인의 욕망을 충족시켜 사랑받고 싶은가? 권력에 대한 욕망은 내가 그 권력으로부터 사랑받고 인정받는 것, '권력에 의지'하는 노예근성이다. 권력에 의지하는 욕망은 그 권력의 눈치를 본다. 늘 불안하다. 그런 상태에서 당신은 불안하기 때문에 '사랑하기'가 불가능하다. 그런데 세네카의 말마따나 "사랑은 불안과 섞일 수 없다."

자, 마무리하자. 사랑은 혁명이다. 결핍된 현실, 나를 노예로 만들고 사랑받으려 죽음까지 불사하게 만드는 현실을 개혁하자. 그래도 여전히 남아 있는 노예근성에 반항하자. 사랑의 주체가 되었을 때조차 당당함과 과감한 결단이 없다면 그것은 사랑도 자유도 아니다.

그래서 온전한 사랑이 혁명이라면 또 다른 차원의 죽음과 맞닿게 된다. 혁명은 전쟁을 불사한다. 진정 사랑하는가, 그렇다면 자문해 보자. '나는 자유로운가?' 사랑했다는 것은 혁명했다는 것이고 이것은 사랑의 주체가 된다는 것, 즉 사랑하기를 실천하는 것이다. "사랑받기 원한다면 사랑하라." 아니다. '사랑받기보다는 사랑하라.' 이것도 아니다. '그저, 사랑하라.' 그 대신 '온전히, 혁명처럼 사랑을 불사르라!' "(사랑받기 위해) 내 몸을 불사르게 내줄지라도 사랑(하기)이 없으면 내게 아무 유익이 없느니라"(고전 13:3)

21   늑대가
       나타났다

내 안의 야수성을

긍정하라

늑대도 제 말 하면

갑자기 창문이 저절로 열렸다. 그리고 나는 창문 앞에 있는
큰 호두나무에 하얀 늑대들이 앉아 있는 것을 보고 무서웠다.
늑대는 예닐곱 마리가 있었다. 그 늑대들은 아주 하얬다. (……)
그들은 나무줄기의 왼쪽과 오른쪽에 앉아서 나를 쳐다보고
있었다. 그들은 모든 주의를 나에게 고정하고 있는 것처럼 보
였다.

— 지그문트 프로이트, 『늑대 인간』(226-227쪽)에서

스물세 살 청년이 네 살 때 꾼 늑대에 대한 꿈을 털어놓는다.
프로이트는 이 꿈을 분석하면서 이 청년의 신경증 원인을 밝혀낸다.

프로이트는 단정한다. 늑대는 이 청년이 유아기 때 느낀 아버지라는 것. 아버지가 아들 속에 늑대로 표상되었다는 것. 프로이트 해석의 옳고 그름을 떠나, 이 청년은 아버지의 그림자를 자신에게서 추방하고 격리시키지 못하고 있었다. 그도 그럴 것이 청년은 아버지를 두려워하지만 또 그 아버지로부터 사랑을 갈망하고 있기 때문이었다. 그 늑대로 상징된 아버지가 청년을 쳐다보고 있다. 프로이트는 이 상태를 두고 '동성애'적이라고 한다.

인간 속에 내재된, 무서워하면서도 동시에 사랑받고 싶은 충동을 어떻게 이해해야 할까? 인간 심리의 이중성, 그러니까 짐승 같은 본능을 격리하고 싶다가도, 한편으로는 그 본능에 끌려 사랑받고 싶은 아이러니가 그대로 나타난 명언이 있다. 바로 "늑대가 나타났다."다.

이것은 양치기 소년의 외침만이 아니라 야성에 대해 두려움과 사랑이라는 이중 감정을 지닌 인류의 외침이다. 그래서 명언을 4151개나 모아 놓은 에라스무스의 『명언집』에는 유독 늑대에 대한 명언이 많다. 약 서른 개 정도나 되는데, 이쯤 되면 늑대에 대한 언급이 많은 이유가 사뭇 궁금하다.

에라스무스가 소개하는 "늑대가 나타났다.(Lupus in fabula.)"는 알렉산드리아도서관의 1대와 2대 관장이었던 제노도토스(Zenodotos von Ephesos, BC 323-260)의 설명을 따른다. 원래 "만일 당신이 늑대를 떠올렸다면(Etiam si lupi meminisses)"이라는 조건문이 있는 명언이었다고 한다. 이 명언이 유명해지면서 조건문 없이 "늑대가 나타났다."는 한 문장만으로도 원래 의미가 쉽게 전달되어, 이 간단한 형태로 사람들에게 회자돼 왔다. 우리말 속담인 "호랑이도 제 말 하면 온다."와 거의 같은 의미다. '늑대도 제 말 하면 온다.' 정도가 되는데, 갑작스러운 늑대의 등장이 그것을 얘기하던 사람들에게 당황스러움과 공포를 주는 것이다.

우선 이 명언처럼 늑대의 출현과 함께 경험하게 되는 당황스러움은 『일리아스』 10권(540행), "그의 말이 다 끝나기도 전에 그들 자신이 당도했다."는 구절에 대한 우화적 표현으로 여겨졌다. 또한 늑대의 출현과 함께 경험되는 공포는 플라톤의 『국가론』 1권(336 d)에 나타난다. "사람이 늑대를 보는 것보다 늑대가 먼저 사람을 보게 되면 입이 떨어지지 않는다."는 구절은 일종의 미신이 주는 공포심을 드러낸다. 그래서 이 명언은 민담과 연결되면서 오랫동안 당황스러움과 공포심의 표현으로 이해돼 왔다.

외경심의 대상: 로마의 신성한 늑대

늑대는 공포의 대상만 되는 것은 아니었다. 죽은 줄만 알았던 자가 뜻밖에 출현했을 때 '놀람'과 '반가움'을 표현하기 위해 늑대가 거론된다. 로마 시대에 '루페르키(Luperci)'라는 사제가 있었는데, 라틴어로 루페르는 늑대라는 말로 이 사제들은 '늑대 인간'이란 뜻이다. 이들은 '루페르칼리아(Lupercalia)', 즉 '늑대굴 축제일'(2월 15일)을 주관했다.

　로마에서 늑대를 받들고 신성시하는 이유는 늑대가 로마의 건국과 관련 있기 때문이다. 기원전 753년 4월 21일 로마를 건국했다고 알려진 로물루스는 쌍둥이 형제 레무스와 젖먹이일 때 버려졌는데, 그들을 키운 것이 바로 늑대였다. 다음을 보자.

　　새끼를 낳은 어미 늑대 한 마리가 놀랍게도 버림받은 쌍둥이
　　　　에게 다가갔습니다.
　　야수가 소년들을 해치지 않았다니 누가 믿을 수 있겠습니까?
　　해치기는커녕 그것은 도와주기까지 합니다. 친척들의 손이
　　죽이려고 붙잡았던 그들에게 어미 늑대는 젖을 먹입니다.
　　그것은 멈춰 서서 부드러운 아이들에게 꼬리치며
　　혀로 그들의 두 몸을 핥아 모양을 만들어 줍니다.
　　(……)
　　어미 늑대는 그곳에 이름을 주고, 그곳은 루페르키들에게 이
　　　　름을
　　주었습니다. 유모는 젖을 먹인 데 대해 큰 보답을 받은 것입
　　　　니다.
　　　　　　　　　　── 오비디우스, 『로마의 축제일』(2권 412-423행)에서

　어미 늑대는 버려진 아기 쌍둥이들을 자신의 젖을 먹여 키운다. 죽은 줄만 알았던 이들의 존재는 로마 사람들을 당황케 했는데,

늑대가 나타났다

놀람이자 반가움이 함께한 감정이었다. 로물루스와 레무스가 젖을 먹었던 동굴이 팔라티움 언덕에 있는 '루페르칼'(늑대 굴)인데, 이후 성소가 되어 그 축제일에 염소 두 마리와 개를 제물로 바친다. 로마인들에게 늑대는 신성한 동물로, 죽은 줄만 알았던 사람을 양육하여 로마 건국을 가능케 한 존재였던 것이다. 이런 신성한 늑대를 기념하기 위해 만든 늑대굴 축제일에 사제들은 늑대 인간(루페르키)이 되어 자신들이 사냥한 것인 양 염소 가죽을 허리에 두른 채 벌거벗은 몸으로 뛰어다녔고, 만나는 사람들을 가죽끈으로 때렸다.

늑대굴 축제일에 사제들이 벌거벗은 채 뛰어다닌 이유는 무엇일까? 로물루스와 레무스, 그리고 그들의 추종자들이 알몸으로 훈련을 받았으며, 자신들의 소 떼를 도둑맞았을 때 맨몸으로 그들을 추격했기(『로마의 축제일』 2권 361-388행) 때문이었다. 로마 시민들은 인간을 돕고 도둑을 응징한 그 늑대를 두려워하면서도 반기는 이중적 욕망, 그러니까 외경심(畏敬心)을 이 축제일을 통해 표출하고 해소했던 것이다.

재생의 대상: 뤼카온과 느부갓네살의 낭광증

『로마의 축제일』에서 늑대굴 축제일을 설명했던 오비디우스는 『변신 이야기』(1권, 219-239)에서도 늑대 인간에 대한 이야기를 전한다. 물론 오비디우스 외에도 많은 로마 작가들, 베르길리우스(『목가

'늑대굴 축제일'에 사제들은 '늑대 인간'이 되어
자신들이 사냥한 것인 양 염소 가죽을 허리에 두른 채
벌거벗은 몸으로 뛰어다녔고, 만나는 사람들을 가죽끈으로 때렸다.
로마 시민들은 인간을 돕고 도둑을 응징한 늑대를
두려워하면서도 반기는 이중적 욕망,
그러니까 외경심을 표출했던 것이다.

늑대가 나타났다

시(Bucolica)』8권), 대(大) 플리니우스(『자연사』8), 페트로니우스(『사튀리카』61-62)가 늑대 인간 이야기를 다뤘다. 늑대 인간에 대한 가장 빠른 보고는 헤로도토스의 『역사』(4권 105)에 나타나는데, 네우로이족이 매년 며칠 동안 모두 늑대로 변했다가 다시 인간이 된다고 전하고 있다.

그런데 오비디우스의 늑대 인간에는 중요한 하나의 모티프가 나타난다. 오비디우스는 뤼카온이 제우스(유피테르)에게 인육을 먹이려다 그 벌로 늑대로 변했다고 말한다. 희랍어로 늑대는 '뤼코스'이니, 뤼카온이라는 이름이 늑대와 관련을 맺고 있음을 짐작할 수 있다. 그런데 제우스는 뤼카온을 늑대로 변신시키는 벌을 내렸을 뿐만 아니라 인간들에게 대홍수까지 일으킨다. 얘기인 즉슨 뤼카온과 마찬가지로 땅 위에 사는 모든 인간들이 살인, 식인, 불경을 저질렀기에 홍수로 심판했다는 것이다.

하지만 대홍수 이후 유일하게 살아남은 두 사람이 돌을 주워 등 뒤로 던져 인간 남자와 여자가 태어나게 된다. 이 신화에 따르면, 이후 희랍의 인간들은 돌의 종족인 셈이다. 흥미로운 사실은 뤼카온과 동시대 인간들의 대홍수는 황금의 시대, 은의 시대, 청동의 시대, 철의 시대가 지난 후에 발생했다는 점이다. 이 네 시대 이후 늑대 인간의 출현과 인간의 멸망, 그리고 돌을 통한 인간의 재탄생이 오비디우스가 신화를 활용해서 만든 '변신 이야기'다. 요약하자면 '파멸과 재생'이라는 모티프가 로마 탄생 설화에서도 나타나고 뤼카온 신화에서도 나타나는데, 전자에서는 늑대가 긍정적인 역할을 한다면 후자에선 부정적인 역할을 하고 있다.

그런데 오비디우스보다 훨씬 이전, 기원전 6세기에 기록된 구약성경 「다니엘서」(2-4장)에도 이 모티프가 그대로 나타난다.

> 바로 그 순간에 이 말이 느부갓네살 왕에게 이루어져서, 그가 사람 사는 세상에서 쫓겨나더니 소처럼 풀을 뜯어먹었으며, 몸은 하늘에서 내리는 이슬에 젖었고, 머리카락은 독수리의 깃털처럼 자랐으며, 손톱은 새의 발톱같이 자랐다.
>
> —「다니엘서」(4장 33절)에서

신바빌로니아 칼데아 왕조의 2대 왕인 느부갓네살(네부카드네자르 2세, BC 630-562)도 '황금, 은, 청동, 철의 네 시대'와 '돌'로 그 시대가 멸망당하는 꿈(2장)을 꾼 후, 자신이 7년간 짐승처럼 되었고(4장 21-33절), 그 나라는 아들 대에 망하여 페르시아의 퀴로스에게 점령당한다. (헤로도토스의 『역사』 1권 191, 「다니엘서」는 메디아의 다레이오스에게 멸망된다고 기록하고 있다.) 이 왕의 이름이 이탈리어로는 '나부코'가 되는데, 베르디의 오페라 「나부코」에서 우리는 「히브리 노예들의 합창」을 익숙하게 들었다.

네부카드네자르 2세는 공중 정원이 딸린 거대한 바벨론 제국을 완성했지만, 7년간 짐승처럼 지내게 된다. 자신을 짐승으로 여기며 짐승처럼 행세하는 질병을 뤼칸드로피아(Lycanthropia)라 부르는데, 희랍어로 늑대를 뜻하는 '뤼코스'와 인간을 뜻하는 '안드로스'가

결합한 단어로, 고(古) 병리학자들은 이것을 낭광증(狼狂症)이라 부른다. 낭광증이란 자신을 늑대 또는 이리, 그 밖의 짐승으로 생각하거나 행동하는 병이며, 네부카드네자르가 그 병의 첫 케이스라고 한다. 성경의 『다니엘서』도 짐승의 파멸과 새로운 역사의 시작, 그러니까 재생과 관련한 이야기를 하고 있는 것이다.

"늑대의 말도 들어주는 것이 정의라네"

『로마의 축제일』에서는 늑대가 외경의 대상으로, 『변신 이야기』와 『다니엘서』에서는 재생의 대상으로 나타난다. 그런데 여기서뿐만 아니라 16세기까지 늑대인간의 전설이 계속되었다는 점이 특이하다. 이후 문학에서는 늑대 인간을 약간 변형하여 『프랑켄슈타인』, 『드라큘라』 등 괴기소설이 반복되고 있다. 현대에 이르러서는 그런 존재들이 점점 더 친근해지고 매혹적인 존재로 비친다. 이렇듯 우리는 유구한 역사 속에서 계속 내면에서 울려 퍼지는 늑대 소리를 듣는다. 왜 이런 것일까? 인간은 여전히 늑대의 본성을 욕망한다. 우리가 늑대라는 야수성을 기다리고 욕망하기 때문에 그것은 추방하고 격리하기보다 동거해야 할 존재는 아닐까. 특히 프로이트의 저서 『늑대 인간』은 다른 존재가 아닌 우리 내면 속에 있는 동물적 본능에 관심을 갖게 만들었다. 플라톤도 『파이드로스』(272c)에서 "사람들 말에 따르면 늑대의 말도 들어주는 것이 정의라네."라고 소크

자신을 늑대로 여기며 짐승처럼 행세하는 질병을
낭광증(狼狂症)이라 부르는데,
바벨론 제국의 네부카드네자르 2세가 이 병의 첫 케이스다.

라테스가 말했다고 전한다. 인간 속에서 꿈틀거리는 늑대의 야수성을 외면하기보다 그 소리에 귀 기울이는 것이 더 현명할 것이다.

프로이트의 『늑대 인간』 이야기로 돌아가자. 들뢰즈와 가타리는 『천개의 고원』에서 프로이트의 '늑대 인간' 청년에 대한 분석의 한계를 지적한다. 다음을 보자.

> 그가 아무리 늑대들에 대해 말한다 해도, 그가 늑대처럼 외쳐 댄다 해도 소용없을 것이다. 프로이트는 듣지도 않고 자기 개를 쳐다보며 "그건 아빠야."라고 대답할 것이다. 그것이 지속되는 동안에는 프로이트는 신경증이라고 말하고, 그것이 파열되면 정신병이라고 말할 것이다.
>
> ─ 질 들뢰즈, 펠릭스 가타리, 『천개의 고원』(2장)에서

프로이트는 늑대 인간의 꿈 이야기에 나타나는 예닐곱 마리의 늑대들을 한사코 한 명의 인물에 대입시킨다. 그 늑대, 또는 개가 이 사람의 아버지라는 것이다. 프로이트는 왜 아버지라는 기표를 넘어서지 못하는 것일까? 아니, 그의 전체 이론은 왜 부모를 넘어서지 못하고, 유아기를 넘어서지 못하고, 섹스를 넘어서지 못하는 것일까? 결국 프로이트의 한계는 인간이 지닌 늑대의 야수성을 비정상적인 심리 상태, 그러니까 신경증, 도착증, 정신 분열로 간주한다는 점이다. 반면 들뢰즈와 가타리는 보통 사람들이 추방시키거나 프로이트가 비정상적 심리로 간주했던 늑대의 야수성을 가장 긍정적으

"사람들 말에 따르면
늑대의 말도 들어주는
것이 정의라네."
― 플라톤

로 우리에게 소개한다. 이들은 야수성이 내 속에 있다고 할 뿐만 아니라 또한 그 본능을 따라야 한다고 말한다.

절름발이 늑대여

들뢰즈와 가타리는 여기서 더 나아가 우리에게 '동물-되기'를 명하는데, 이때 늑대 인간의 야수성은 한 마리의 본능이 아니라 무리 지어 다니는 군집 본능이다. 늑대가 되는 것은 상징적인 의미가 아니라 무리 지어 시스템을 구축하고, 영토를 공유하며, 혼자 싸우는 것이 아니라 공동으로 싸우는 것을 말한다. 공동의 관계 확장 및 공동의 정서에 관심을 갖게 하는 것이다.

그리고 '동물-되기'는 한걸음 더 나아가 이제는 이질적인 개체들에게로 횡단하여 소통하는 공동의 더 큰 무리의 신체를 형성하게 된다. 그 늑대 인간은 보다 큰 무리(공동체)를 향한 연대감을 가슴 깊이 간직하게 만든다. 이런 늑대 인간을 노래한 시가 있다.

그대의 가슴에서 돌을 들어 올려라
절름발이 늑대여

나에게 보여 다오, 그대가 어떻게 돌을
태양을 품은 구름으로 바꾸고

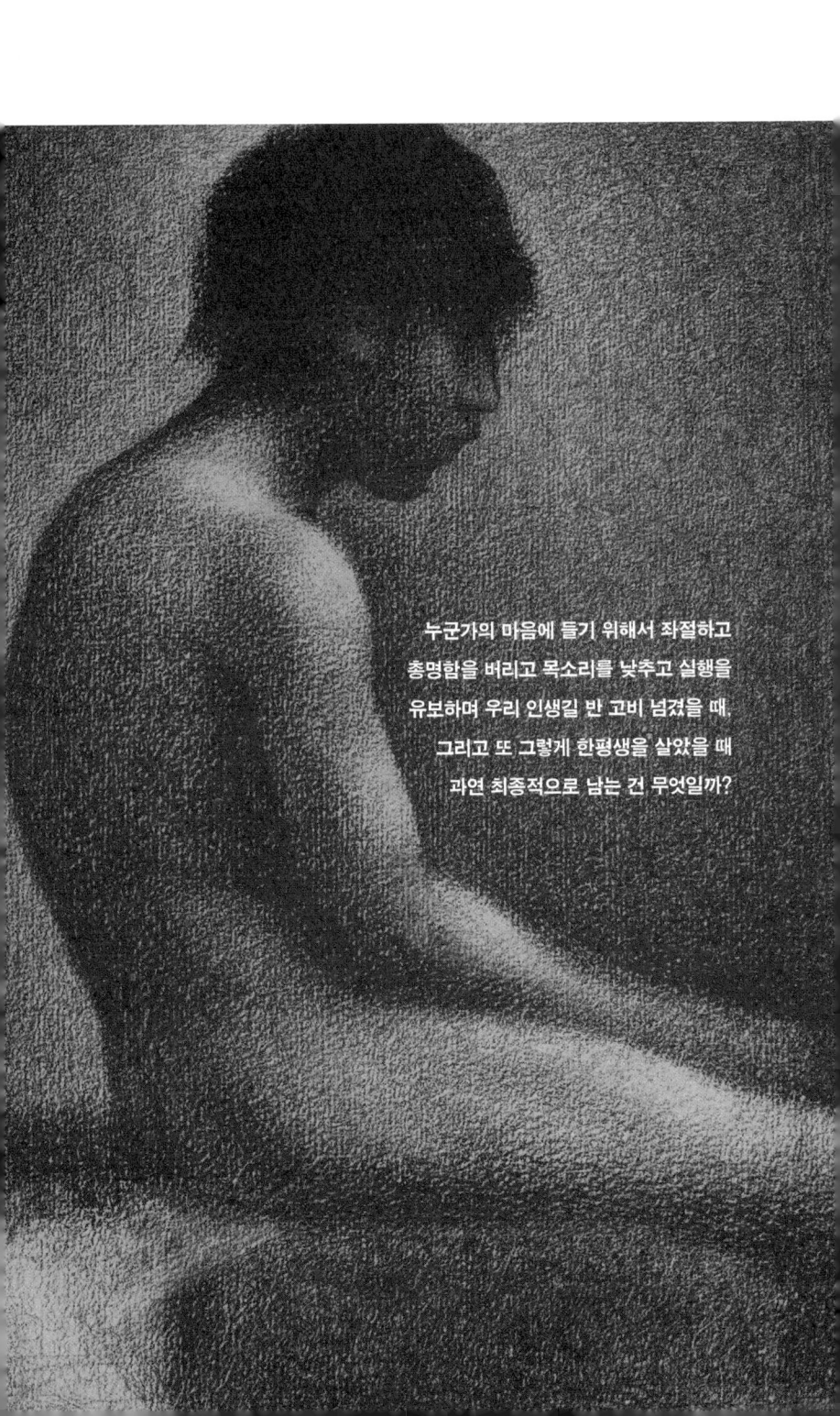

누군가의 마음에 들기 위해서 좌절하고
총명함을 버리고 목소리를 낮추고 실행을
유보하며 우리 인생길 반 고비 넘겼을 때,
그리고 또 그렇게 한평생을 살았을 때
과연 최종적으로 남는 건 무엇일까?

구름을 황금 뿔 달린 사슴으로 바꾸는지

(……)

그대가 어떻게 사슴을 바질로 바꾸고

바질을 날개 여섯 달린 제비로 바꾸는지

(……)

그대가 어떻게 제비를 불뱀으로 바꾸고

뱀을 어떻게 보석으로 바꾸는지

그대의 가슴에서 돌을 들어 올려라

그리고 그것을 내 가슴 위에 내려놓아라

절름발이 늑대여

　　　　　　— 바스코 포파, 『절름발이 늑대에게 경의를』에서

유고슬라비아의 초현실주의 시인 바스코 포파(Vasko Popa, 1922-1991)는 우리에게 늑대의 야수성을 품으라고 하면서, 구체적 매개체로 '돌'을 늑대의 가슴에서 내 가슴 위에 내려놓으라고 간청한다. 여기서 돌이란 무엇인가? 늑대의 야수성이자, 오비디우스가 대홍수 이후 늑대 인간을 거치고 나서 신생 인류를 창조한 돌이자, 네부카드네자르의 꿈에서 네 시대의 신상을 무너뜨렸던 돌이며, 들뢰즈와 가타리가 말한 이질적인 개체에까지 횡단하여 소통하는 자성을 지닌 돌이다. 바스코 포파에게는 그 돌이 태양을 구름으로, 다시 사슴으로, 다시 바질로, 다시 제비로, 다시 불뱀으로, 다시 보석으로

늑대가 나타났다

바꿀 수 있는 연금술의 보석이다.

당신 안에 있는 야수성은 어떤 것인가? 그 야수성은 당신을 어떻게 몰고 가는가? 이 야수성이 단지 추방과 격리의 대상인가, 아니면 연금술의 보석인가? 인간이나 늑대나 모두 사랑이 넘치고 씩씩하고 용감하다. 이런 생명력은 그래서 신비하고 매력적이다. 하지만 이런 생명력은 탐욕이라고, 또는 교활하다고 낙인찍혀 말살당하거나 길들여지기 십상이다. 적어도 문명사회에서 권력이 지배욕으로 바뀌면서는 그렇다. 그 권력 아래에서는 본능적으로 타고난 야수성을 포기하고, 사회와 관습이 만든 거세된 내시처럼 살라고 요구당한다.

누군가의 마음에 들기 위해, 좌절하고 총명함을 버리고 목소리를 낮추고 실행을 유보하며 우리 인생길 반 고비 넘겼을 때, 그리고 또 그렇게 한평생을 살았을 때 과연 최종적으로 남는 건 무엇일까? 억누른 야수성은 신경증, 도착증, 정신 분열로 나타난다지만, 표출된 연금술의 보석과 같은 야수성은 새로운 탄생을 가능케 한다.

"늑대가 나타났다!" 거짓말이 아니다. 목장 울타리에는 그 늑대가 나타나지 않을는지 모르지만, 내 맘에는 늑대가 나타났다. 우리의 야수성을 토해 내며 외쳐 본다. "늑대가 나타났다!" 우리 모두 늑대들이다. 이제 야수의 심장에서 새로운 탄생으로 돌을 들어 올리자. "가슴에서 돌을 들어 올려라, 절름발이 늑대여!"

에필로그

명언은 선고(宣告)다

말,

말,

말,

말에는 힘이 있다. 물론 정보를 전달하기도 하고 서로서로 통하게도 하지만, 그것보다 더 중요한 힘이 있다. 사람을 변신시키는 힘이 바로 그것이다. 말을 하거나 듣거나 읽는 사람은 변한다. 들뢰즈와 가타리는 『천개의 고원』 4장에서 말이 사람을 변하게 만드는 자극제라 설명한다. 말은 사람을 자극하고, 사람은 그 자극에 따라 변화하여 행동하게 된다. 변신의 힘은 사회라는 더 큰 '신체'에까지 자극을 확대한다.

명언은 말이 '변신의 자극제'로 꿈틀거리게 하는 최소 형태다. 그러니까 명언은 우리가 행동하고 실천하여 변화하게 자극한다. 명언을 듣거나 읽거나 전하거나 하면 우리는 자극을 받는다. 이런 명언의 자극은 우리 맘에 울림이 되고 그 경험은 자연스럽게 나의 변신을 꾀하도록 한다. '변신의 자극제'인 명언은 결국 사회라는 더 큰 '신체'로 확대되어 문화 변혁의 불씨가 된다. 오늘날까지 생명력을 지닌 명언들은 들뢰즈와 가타리의 말마따나 명령어 형태다. 변신의 경험 때문에 명언은 '명령어'와 같은 성격이 있다. "너 자신을 알라.", "카르페 디엠.", "사랑받기 원한다면 사랑하라."에서 보듯 명령법으로 되어 있다. 하지만 명령어란 명령법만이 아니라 실천과 관계된 힘까지도 말한다.

들뢰즈와 가타리가 사용한 예를 들자면, '선고'가 그렇다. 피소자를 범죄자나 무죄자로 변신시키는 선고 말이다. 선고를 통해 이전의 어떤 범죄 사실은 처벌로 신체에 변형을 가한다. 그렇다면 명언은 사람을 변신시키는 '선고'임에 틀림없다. "주사위는 던져졌다.", "시작이 반이다.", "인생은 연극이다.", "낙수가 바위를 뚫는다."처럼 단순한 진술이 나를 변하도록 뭔가 몸부림치게 하는 '선고'가 된다.

여기 있는 스물한 개의 명언은 저마다 "성숙하라.", "함께하라.", "생각하라.", "새로워라."고 변신을 명령하거나 선고한다. 모든 독자들이 그런 변신을 경험했으면 좋겠다.

네이버 오디오클립의 '별별명언' 강의가 근사한 책으로 나올 수 있도록 민음사 양희정 부장님이 수고를 아끼지 않으셨다. 책의 구성과 디자인, 글 중간중간에 이미지도 넣어 주셨다. 글의 내용은 두서가 없는데 그 정갈한 꾸밈으로 전체 얼개가 짜이고 글이 활력을 찾게 되었다. 여기 있는 명언을 읽으니 이런저런 자극제가 되었다. 대충 한 번 읽었으니까 다시 읽지 말고 자, 이제 변신부터 꾀하자. "전국의 독자들이여, 변신하라!"

"말은 살아 있고 힘이 있어 양날검보다 더 날카롭다. 그래서 맘과 몸을 꿰뚫어 갈라내고, 심장이 품은 생각과 뜻을 선고한다."
—「히브리서」(4장 12절)에서

2017년 6월

김동훈

별별명언

1판 1쇄 찍음 2017년 6월 10일
1판 1쇄 펴냄 2017년 6월 15일

지은이   김동훈
발행인   박근섭 · 박상준
편집인   양희정
펴낸곳   ㈜민음사

출판등록   1966. 5. 19. 제16-490호
주소   서울특별시 강남구 도산대로1길 62(신사동)
         강남출판문화센터 5층 (우편번호 06027)
대표전화   515-2000 | 팩시밀리 515-2007
홈페이지   www.minumsa.com

ISBN 978-89-374-3416-7 (03100)